인생을 바꾸는 목적의 힘

난쟁이 피터

The Giant, Peter: A Journey to find meaning in Life

Copyright ⓒ Joachim de Posada c/o David S. Rimm, 2014
Korean copyright ⓒ 2014 by The Korea Economic Daily & Business Publications, Inc.
All rights reserved.
This edition rights arranged with Dr. Joachim de Posada
through Dystel & Goderich Literary Management.

이 책의 저작권은 저자와의 독점계약으로
한국경제신문 ㈜한경BP에 있습니다.
신 저작권법에 의해 한국 내에서 보호를 받는 저작물이므로 무단 전재와 복제를 금합니다.

인생을 바꾸는 목적의 힘

난쟁이 피터

호아킴 데 포사다 · 데이비드 림 지음 | 최승언 옮김

마시멜로

한국의 독자들에게

행복은 '인생의 목적'을 발견하는 것입니다

언제나 한국 독자들에겐 감사한 마음뿐입니다. 전작들이 많은 나라에서 출간되었으나 한국에서 가장 큰 사랑을 받았기 때문입니다. 그래서인지 저는 《난쟁이 피터》가 한국에서 출간된다는 그 자체만으로도 행복합니다.

지금까지의 책들도 그렇지만 《난쟁이 피터》는 인생을 잘 살기 위해 우리가 반드시 고민해야 하는 주제를 다루고 있습니다. 주위에는 겉으로는 성공을 거뒀음에도 불행한 사람들이 너무나 많습니다. 왜일까요? 그들은 왜 행복하지 않을까요?

저는 그 이유를 인생의 목적에서 찾았습니다. 이 책을 통해 다만 한 명이라도 '인생의 목적'을 찾게 된다면 이 책을 쓴 목적을 이룬 것이라고 생각합니다. 성공이란 인생의 목적을 발견하는 것입니다. 그리고 그것이 바로 행복입니다. 행복은 멀리 있지 않습니다. 인생의 목적을 발견하는 순간 여러분의 행복은 시작된 것입니다.

한국 독자 여러분, 항상 행복하기를 기원합니다.

호아킴 데 포사다

차례

한국의 독자에게 _ 행복은 '인생의 목적'을 발견하는 것입니다
프롤로그 _ 키 작은 아이

더 이상 자라지 않는 소년 • 16
도서관에서 만난 크리스틴 선생님 • 28
엄마가 죽다 • 36
사람은 무엇으로 사는가? • 48
가출, 노숙자가 되다 • 60
알렉스 경을 만나다 • 75
거리의 천사들 • 87
뉴욕의 난쟁이 택시운전사 • 100
이길 때까지 싸우면 이긴다 • 113
골리앗을 이긴 다윗 • 125

드림카드 • 134

프랭크 교수와의 만남 • 148

행복은 어디에서 오는가? • 163

인생을 바꾸는 목적의 힘 • 174

그럼에도 불구하고 '굿 럭!' • 189

키 작은 영웅 • 202

하버드 로스쿨 • 212

작은 거인의 귀환 • 220

삶을 디자인하는 학교 • 229

택시 운전사에서 하버드 출신 변호사로 • 242

에필로그 _ 재회

프롤로그
키 작은 아이

"애가 좀 이상한 것 같지 않아?"

벤저민은 신생아실에 누워 있는 갓난아이를 보며 신시아에게 투덜거렸다. 갓 세상에 나온 아들을 향한 첫인사치고는 꽤나 고약한 말이었다.

"저것 봐. 다른 애들보다 못생기고 몸집도 훨씬 작잖아. 게다가 울음소리도 비실비실한 게 영 이상해."

벤저민의 말처럼 신생아들 중에서 유독 눈에 띄는 아이 하나가 있었다. 얼굴이 유난히 빨갛고 쪼글쪼글한데다 울음소리도 맥이 없었다. 당장에라도 인큐베이터로 보내야만 할 듯 몹시 위태로워

보였다. 하지만 아이는 엄마 뱃속에서 열 달을 꼬박 채운 정상아였다.

"내 눈에는 예쁘고 귀엽기만 하네요. 대체 왜 그래요?"

신시아는 유리창에 얼굴을 붙이고 하염없이 아이를 들여다보았다. 아이가 작아서 더욱 애틋했다. 하지만 벤저민은 고집을 꺾지 않고 기어코 의사를 불러왔다.

"이봐, 의사 양반! 내가 보기에 애가 너무 작은 것 같아. 만약 문제가 생기면 당신 책임이야, 알아들었어?"

"조금 작긴 하지만 미숙아로 태어난 것도 아니니 좀더 지켜보시는 게 좋겠습니다. 아무튼, 저희 병원에서는 정상적인 분만 과정을 거쳤습니다."

"뭐야? 무슨 말투가 그래? 당신 눈에는 저게 정상으로 보여? 무작정 지켜볼 게 아니라 원인을 찾아내야 할 것 아냐!"

의사는 원한다면 정밀검사를 해볼 수 있다면서, 대신 검사비가 많이 든다고 차분히 설명했다. 하지만 벤저민은 그 말은 귀담아듣지 않고 고래고래 소리 지르며 의사를 몰아붙였다. 그는 언제나 듣고 싶은 말만 듣고 제 할 말만 하는 사람이었다.

신시아는 그런 소란 속에서도 꼼짝도 않고 아이만 보고 있었다.

"아가야, 네 이름은 피터야. 피터 홀. 아빠는 네가 이상하다고 하지만, 엄마 눈에는 세상에서 가장 예쁘구나. 사랑해, 피터."

엄마의 마음이 전해지기라도 한 것일까. 아이가 살포시 눈을 뜨고 신시아 쪽을 쳐다보았다. 하지만 아이의 눈에 비친 세상은 온통 뿌옇기만 했다. 그것이 피터가 처음으로 마주한 세상이었다.

어느덧 피터는 만 20개월이 되었다. 그렇지만 여전히 못생겼고 아이 특유의 귀여움도 없었다. 아이라면 종종 듣기 마련인, 잘생겼다거나 예쁘다는 말도 들어보지 못했다. 그리고 여전히 너무나 작았다.

'괜찮아…. 늦게 크는 아이들이 얼마나 많은데! 당장 내일부터 쑥쑥 클 수도 있잖아.'

신시아는 좁은 거실에서 장난감을 갖고 노는 피터를 보며 애써 스스로를 위안했다. 하지만 벤저민의 불평은 갈수록 커져만 갔다.

"젠장, 내 꿈이 뭐였는지 알아? 아들이 태어나면 같이 신 나게 농구를 하는 거였다고! 고작 이런 꿈조차 박살나다니, 아무튼 이

놈의 인생은 되는 일이 없다니까…. 에잇, 술이나 가져와!"

벤저민은 피터의 작은 키를 핑계 삼아 더 많은 술을 마셔댔다.

"여보…. 그때 의사 선생님이 말한 대로 정밀검사를 받아보는 게 어떨까?"

"이 여자가 미쳤나? 의료보험도 없는데 병원비를 어떻게 감당해?"

어느 날 신시아가 피터를 병원에 데려가 보자고 하자 벤저민은 다짜고짜 소리를 버럭 질렀다. 피터의 집은 브루클린 베드퍼드 스타이브센트 지역에 있었는데 이민자들이 모여 사는 이곳에서 형편이 넉넉한 집은 별로 없었다.

벤저민은 기술도 학력도 보잘것없는 사람이었다. 베트남 전쟁에 참전했던 퇴역 군인이라 연금을 받고 있었지만 생활비로는 턱없이 모자랐다. 주로 공사장이나 부둣가에서 막노동을 하면서 돈을 벌었는데, 그나마 건강이 좋지 못해 하루 일하고 하루 쉬는 꼴이었다. 더욱이 일을 나가든 나가지 않든 술은 거르지 않았고 종일 입에 달고 살다시피 했다. 당연히 뉴욕에서 살아가기엔 한없이 부족한 살림이었다.

"술 없어? 술!"

"이제 좀 그만 마셔요. 내일 출근해야죠."

"나는 술 없으면 잠 못 자는 거 몰라? 잠을 자야 일하러 나갈 거 아냐."

벤저민은 몸이 힘들다는 핑계로 보일러메이커(boilermaker. 19세기 말 미국의 부두 노동자들이 빨리 취하기 위해서 마시던 싸구려 위스키와 맥주를 섞어 만든 폭탄주)를 즐겨 마셨다. 그리고 술에 취하면 폭언과 폭력을 일삼았다. 그런 직원을 좋아할 직장은 없었기에 며칠 못 가 쫓겨나기 일쑤였고, 늘 이곳저곳을 전전했다. 몸도 약한데다 게으르고, 술 좋아하고, 불같은 성격의 벤저민 때문에 사실상 신시아가 생계를 책임져야 했다.

"여보, 몇 년 후면 피터도 학교에 들어가니 지금부터 조금씩이라도 저축을 해야 해요. 일단 지출에서 비중이 가장 큰 게 집세랑 자동차 할부금이고, 식대, 공과금도 만만치 않으니 줄일 곳은 없나 따져봐야겠네요. 그리고 몇 년 단위로 목표를 정해봤어요. 앞으로 꼭 필요한 것이 피터 교육보험이니 올해 안에는…."

신시아가 때때로 가족의 장래 계획을 세우자고 하면 벤저민은 벌컥 화부터 냈다.

"뭐? 하루 벌어 하루 먹고사는 것도 기적인데, 계획은 무슨 얼어 죽을 계획이야? 세상일이 계획대로 된다면야 내가 백번도 더 세웠지."

"의료보험도 없는데, 우리 형편에 피터에게 문제라도 생기면 어쩌려고요?"

"시끄러워! 그건 그때 가서 고민해도 돼! 아직 일어나지도 않은 일을 가지고 머리 싸맨다고 뭐가 달라져?"

"지금부터 고민해야 그나마 방법이 좀 찾아지겠죠. 여보, 잠깐만이라도 내 말 좀 들어봐요."

"헛소리 집어치워! 지금 뉴욕 양키스가 9회 말 역전 찬스인 거 안 보여? 빌어먹을, 그만 떠들고 맥주나 가져와!"

조금이라도 골치아픈 얘기가 이어질 것 같으면 벤저민의 입에서는 '젠장'과 '빌어먹을'이라는 단어가 터져 나왔다. 그는 대화를 그런 식으로 끝내버리는 고약한 버릇을 가지고 있었다.

"엄마…. 나는 왜 이렇게 키가 작아요?"

한 해 두 해 나이를 먹으며 피터는 자신이 남들과 다르다는 것을 깨달았다. 신시아는 그럴 때마다 피터를 꼭 껴안고 위로해주었다.

"피터, 어릴 때는 작았지만 나중에 부쩍 크는 사람도 있단다. 너는 만난 적이 없지만 시카고에 사는 로버트 삼촌도 어렸을 적에는 너처럼 작았어. 그런데 지금은 6피트(약 183센티미터)가 넘는단다."

"정말요?"

피터의 동그래진 눈에 생기가 돌았다.

"그럼, 우리 피터도 틀림없이 로버트 삼촌처럼 큰 사람이 될 거야."

"야호, 나도 6피트까지 크는구나. 그러면 뉴욕 닉스 농구단에 들어갈 수 있겠지, 엄마?"

"당연하지. 그때가 되면 우리 아들을 자이언트 피터라고 불러야겠는데?"

신시아는 언제나 피터에게 용기와 희망을 심어주려고 노력했다. 하지만 그럴 때마다 벤저민이 찬물을 끼얹었다.

"애한테 헛바람 좀 넣지 마. 기대가 크면 실망도 큰 법이야. 그리고 뭐? 로버트가 6피트가 넘는다고? 킥킥. 피터, 내가 아는 로버트는 말이다…."

"여보!"

신시아는 벤저민의 생각 없는 행동에 소스라치게 놀랐다. 벌떡 일어나서 아이와의 사이를 가로막으며 벤저민의 말문도 막았다.

신시아는 아무리 힘들어도 포기하지 않으면 무엇이든 할 수 있다면서 피터에게 희망을 심어주고자 했다. 하지만 벤저민은 해봤자 안 되는 일이니 일찌감치 포기하라고 했다. 신시아와 벤저민은 세상을 대하는 태도가 동전의 양면처럼 정반대였다. 그 사이에 어린 피터가 있었다.

더 이상 자라지 않는 소년

피터 홀은 이상해~~ 못생기고 키도 작다네~~.
피터는 찌그러진 냄비(pan)처럼 납작한 피터 팬(Peter Pan)이지.
피터 홀은 이상해~~ 친구가 한 명도 없다네~~.
못생긴 피터 홀에게 친구는 일곱 난쟁이가 전부(whole)라네.
피터 홀은 이상해~~ 너무너무 이상해~~.

더디지만 조금씩이라도 자라던 피터의 키는 초등학교에 입학하면서부터 거의 제자리걸음이었다. 그 때문에 피터의 학교생활도 엉망이 되어갔다. 또래 아이들의 세계에서 평균 이하의 키란

놀림감, 곧 왕따를 의미했다. 특히 스쿨버스에 탈 때마다 피터는 자신을 놀리는 노래에 시달려야 했다.

처음에는 피터도 화를 내며 맞서 싸웠다. 하지만 역부족이었다. 키가 작아 힘에서도 밀렸지만, 무엇보다 상대는 여럿이고 피터는 늘 혼자였다.

"나 학교 안 갈래. 애들이 난쟁이라고 놀린단 말이야!"

"피터, 아무리 그래도 학교에는 가야 해. 공부를 해야 훌륭한 사람이 되지."

"다 필요 없어! 나를 싫어하는 녀석들뿐이라고!"

신시아가 아무리 노력해도 피터의 성격은 점점 비뚤어지기 시작했다. 학교에서도 맘에 들지 않는 친구한테는 욕부터 했고, 자기보다 만만한 여자아이들을 괴롭히기 일쑤였다. 자신이 상처를 입기 전에 다른 사람에게 먼저 상처를 주는 것이 피터의 방어수단이었다.

집에서도 마찬가지였다. 마음에 안 들면 무조건 울며불며 화를 냈고 닥치는 대로 물건을 집어 던졌다. 그때마다 벤저민은 피터를 달래기는커녕 윽박지르기만 할 뿐이었다.

"너 정말 한번 혼나볼래! 떼만 쓰면 다 들어주는 줄 알아? 별 이상한 놈 다 보겠네."

"제발 그 이상하다는 말 좀 그만해요!"

신시아는 벤저민이 툭하면 내뱉는 '이상하다'는 말이 정말로 피터를 이상한 아이로 만드는 것 같아 조마조마했다. 신시아는 피터가 흥분할 때마다 화가 가라앉을 때까지 꼭 껴안아주었다. 신시아는 피터가 키만 크면 성격도 괜찮아질 거라고 믿었다. 그래서 부족한 살림에도 발육에 도움이 되는 식단을 짰고, 잠도 충분히 자도록 신경을 썼다. 억지로 농구와 줄넘기 같은 운동을 시킨 것도 그래서였다.

그런 신시아의 노력 때문이었을까. 비록 더디기는 해도 피터가 성장을 아예 멈춘 것은 아니었다. 눈에 띄지 않을 정도지만 조금씩, 아주 조금씩 자라고 있었다. 그러나 늘 기대에는 한참 미치지 못했다.

피터가 초등학교 6학년이 되었을 때, 신시아는 벤저민의 눈을 피해 차곡차곡 모은 돈으로 피터를 데리고 종합병원을 찾았다. 그러나 희망을 얻기 위해 찾아간 병원에서 신시아가 받아 든 것은 절망뿐이었다.

"그것 참 이상하네요. 특별한 가족력이 없으니 유전적인 문제는 아니고…, 그렇다고 성장호르몬 결핍증도 아니거든요. 이런 말씀 드리게 되어 죄송하지만, 안타깝게도 피터의 성장판이 닫히고 있습니다. 예측 결과에 따르면 5피트(약 150센티미터) 이상 자라기가 힘들 것 같습니다."

"5…, 5피트라고요?"

신시아는 맥이 탁 풀리고 말았다. 그런데 그보다 더한 소식이 기다리고 있었다.

"문제는 키가 아닙니다. 피터는 전형적인 분노조절장애 행동을 보이고 있어요. 키가 작아서 생긴 열등감이 부정적인 성격으로 발전한 것 같은데, 문제는 이런 장애를 안고 있는 아이는 커서도 충동적 범죄를 저지를 가능성이 높다는 겁니다. 그러니까 지금은 키가 중요한 게 아니라, 분노조절장애부터 빨리 고쳐야 한다는 뜻입니다."

신시아는 하늘이 무너져 내리는 기분이었다. 성장판이 닫히고 있다는 말만 해도 사형선고를 받은 듯한데, 거기다 더해 분노조절장애라니!

"그, 그럼 앞으로 저희는 어떻게 해야 하죠?"

"키는 별수 없으니 지금부터라도 분노조절장애를 극복하기 위해 많은 노력을 해야 합니다. 특히 가족이나 친구 등 가까운 사람들의 도움이 절실해요. 이대로 두면 상태가 점점 심해질 겁니다. 일단 약을 좀 처방해드릴게요. 분노는 운동이나 독서 등의 긍정적인 행동으로…."

의사가 한창 설명하고 있을 때였다. 신시아는 갑작스러운 기척에 놀라 뒤를 돌아보았다. 살짝 열린 문 앞에 피터가 서 있었다.

"피, 피터…!"

피터가 딱딱하게 굳은 얼굴로 의사와 신시아를 쳐다보며 물었다.

"나는 어른이 돼도 이렇게 작다는 거죠? 의사 선생님, 방금 그렇게 말했죠? 맞죠?"

"아, 아니야! 피터, 그게 아니라…."

"이제 거짓말 좀 그만해! 나도 다 들었단 말이야!"

신시아는 피터의 고함에 그대로 얼어붙고 말았다. 화가 솟구친 피터는 진료실 물건을 손에 잡히는 대로 집어 던지기 시작했다.

"내가 로버트 삼촌만큼 클 거라고? 엄마는 거짓말쟁이야!"

피터의 절규가 온 병원을 흔들어놓았다.

진료실은 순식간에 난장판이 되고 말았다. 피터의 분노는 성인인 의사와 신시아의 힘으로도 막지 못할 만큼 거셌다. 결국에는 건장한 남자 간호사가 힘으로 제압했고, 그러고도 한참 뒤에야 광란이 수그러들었다.

그러나 신시아는 포기할 생각이 눈곱만큼도 없었다.

"피터, 그동안 힘들었을 텐데 엄마가 이해하지 못해서 미안해…. 진심으로 사과할게. 키만 크면 네 기분도 나아지고 학교생활도 좋아질 것 같아서…, 그것만 신경 썼어. 정말 미안해."

신시아는 기진맥진한 피터를 꼭 끌어안고 하염없이 눈물을 흘렸다. 병원에서 가까스로 집으로 돌아온 뒤였다.

"엄마가 바보였어. 사람에게 정말로 중요한 건 내면이지 외모가 아닌데…."

신시아는 의사의 말을 떠올렸다.

"피터, 책을 읽고 공부하며 마음의 키를 키우면 얼마든지 큰 사람이 될 수 있단다. 아니, 마음의 키가 큰 사람이야말로 진정한 거인이야. 엄마는…, 내 아들이 그런 사람이 되었으면 좋겠다. 우리의 자이언트 피터! 약속할 수 있지?"

"알았어요. 그러니까 그만 울어요."

피터의 가라앉은 목소리에 신시아가 불안한 눈으로 아들을 쳐다보았다.

"…괜찮겠니? 화가 아직 안 풀렸으면 엄마한테 쏟아내렴. 괜찮아, 이 엄마가 다 받아줄게."

"아니에요. 의사 선생님도 어쩔 수 없다는데 엄마한테 왜 화를 내요? 피곤해요. 좀 쉬고 싶어요."

피터는 어깨를 으쓱하고는 걱정스레 자신을 쳐다보는 신시아에게서 등을 돌렸다.

아무도 없는 자기만의 방에 들어온 피터는 문을 잠그고 거울 앞으로 다가가 섰다. 거울 속에선 작고 볼품없는 꼬마가 자신을 쏘아보고 있었다.

'뭐? 마음의 키가 어떻다고? 흥! 아무리 엄마라도 자기 일이

아니니까 그렇게 쉽게 포기하는 거겠지. 네 엄마도 다른 사람들이랑 똑같았던 거야. 이제 알겠지?'

거울 속의 난쟁이가 그를 보며 비웃고 있었다. 겉으로는 괜찮다고 말했지만, 거짓말이었다. 오히려 엄마에 대한 실망감이 피터의 가슴을 멍들게 했다.

'그러니까 너는 이제 그 모습으로 평생을 살아야 한다는 거야. 역시 넌 안 된다는 거지.'

'너 이 자식, 네까짓 게 뭔데 나를 보고 비웃어? 당장 꺼져!'

머릿속이 뒤죽박죽이 된 피터는 야구공을 집어 들었다. 그러고는 자신을 비웃는 녀석을 향해 주먹을 휘두르듯 던졌다. 와장창! 거울이 깨지며 놈의 얼굴이 산산조각이 났다.

"아니, 피터, 무슨 일이니! 문 좀 열어봐!"

놀란 신시아가 달려와 문을 두드렸지만, 피터는 문을 여는 대신 마구 울면서 고함을 질렀다.

"왜 하필 나야? 내가 뭘 잘못했는데? 도대체 왜! 도대체 왜! 왜! 왜!"

아무리 외쳐도 답을 찾을 수가 없었다. 아니, 단 하나의 답은 너무나 선명했다. 그것은 바로 이제 자신이 자이언트 피터가 될 가능성은 없다는 것이었다.

"희망? 꿈? 그런 것 따위가 무슨 소용이야. 다 필요 없어!"

산산조각이 난 거울 속의 수많은 피터가 입을 모아 소리를 질

러댔다.

"젠장, 그러니까 저 녀석이 앞으로도 쭉 땅딸보로 살아야 한다는 거지? 쯧쯧. 그것 봐, 내가 뭐랬어."

여느 날처럼 얼큰하게 취해 돌아온 벤저민이 신시아의 말을 듣고는 혀를 찼다.

"아니, 그게 아빠로서 할 소리예요? 당신 예상이 들어맞아서 좋아요?"

하늘이 무너지는 듯한 절망 속을 헤매던 신시아는 마치 남 얘기 하듯 빈정거리는 벤저민을 보고 오히려 정신이 번쩍 들었다.

"신시아, 무슨 소릴 하는 거야! 아무튼 당신 뱃속에서 나왔으니 이게 다 당신 때문 아냐!"

신시아가 벤저민을 똑바로 노려보았다.

"맞아요. 이게 모두 나 때문이에요. 피터가 잘못된 것은 다 나 때문이라고요. 그러니까 피터를 정상으로 되돌리는 것도 내 몫이에요."

벤저민은 술기운 속에서도 서늘함을 느꼈다. 그만큼 신시아는 말 한마디 한마디에 자신의 모든 것을 걸고 있는 것 같았다.

"경고하겠어요, 앞으로 말로든 행동으로든 피터를 괴롭히면 나도 더는 참지 않겠어요."

"이, 이 여자가…."

난생처음 보는 신시아의 차가운 표정에 벤저민은 입을 다물 수밖에 없었다.

신시아는 자기마저 피터를 포기하면, 피터에게는 아무도 없다는 것을 잘 알고 있었다. 그래서 이를 악물고 힘을 냈다. 신시아는 피터의 분노에 영향을 끼칠까 봐 폭력적인 게임은 절대 못하게 했다. 심지어 〈헐크〉 같은 만화책조차 보지 못하게 치우고, 패스트푸드도 먹지 않게 하려고 식단에 더욱 신경을 썼다.

하지만 피터의 성격은 쉽게 고쳐지지 않았다. 무엇보다 피터에게는 이미 희망이 사라진 뒤였다. 그리고 그 자리를 넘치는 분노가 채우고 있었다. 피터의 열등감은 갈수록 커져만 갔고, 그것은 더 큰 분노를 일으켰다.

"피터, 엄마랑 같이 이 책 좀 읽어볼까?"

성격을 차분하게 하는 데 도움이 될 책을 권해도 소용이 없었다. 툭하면 솟구치는 분노 탓에 좀처럼 집중할 수가 없었던 것이다.

"읽어도 무슨 소린지 하나도 모르겠어. 그냥 들어가서 잘래."

약을 먹으면 그나마 좀 괜찮아졌지만, 약기운 때문에 온종일

축 늘어져 멍하니 보내야 했다. 말할 것도 없이 학교 성적은 늘 바닥을 기었다. 어려운 문제를 접하면 지레 포기했고, 성적이 좋지 않게 나오면 패배감에 휩싸였다. 악순환의 연속이었다. 친구들과의 마찰도 더욱 심해졌는데, 거기에는 피터가 진학한 중학교의 분위기도 한몫을 했다.

　브루클린의 앤서니 중학교는 주로 가난한 집 아이들이 다니는 학교였다. 전교생 200명 중 공부에 전념하는 학생은 한 학년에 대여섯이 고작이었다. 나머지는 아무런 목적도 없이 졸업장을 받기 위해 학교에 다닐 뿐이었다. 그들이 제일 잘하는 건 약한 아이들의 약점을 잡아 놀려대는 일이었다. 당연히 피터 같은 아이들이 그 대상이었다.

　"어이, 난쟁이! 오늘은 어제보다 더 작아진 것 같은데? 너는 키가 거꾸로 자라냐? 킥킥킥."

　"닥쳐, 이 돼지 같은 자식아!"

　피터는 절대 지지 않았다. 누군가가 놀리면 무조건 주먹부터 날렸다. 싸움이 붙으면 물러서지 않았다. 물불 안 가리고 덤벼드는 악바리로 소문이 나면서 피터를 건드리려는 아이들도 점점 줄어들었다. 싸우는 횟수가 줄어든 것은 다행이었지만, 이제 피터가 맞서야 하는 적은 무관심이라는 더 힘겨운 녀석이었다. 피터는 그렇게 완벽한 외톨이가 되어갔다.

　"피터, 요즘 학교생활은 어떠니?"

어느 날 저녁 식탁에서 신시아가 묻자 피터가 심드렁하게 대답했다.

"별명이 하나 더 생겼어요."

"뭐야, 친구라도 생긴 거냐? 뭐라고 부르는데?"

눈치 없는 벤저민이 맥주를 마시며 물었다. 막 사춘기에 접어든 피터는 마치 남의 말을 하듯 키득거렸다.

"콰지모도래요. 노트르담의 못생긴 꼽추 콰지모도. 킥킥."

그 말을 할 때의 피터 얼굴은 더 괴상해 보였다. 세상에 대한 분노와 독기가 얼굴에 그려지고 있었다.

"…."

식사가 끝날 때까지 아무도 입을 열지 않았다. 어색하고 긴 침묵을 깬 것은 벤저민이었다.

"그래도 콰지모도는 주인공이잖아? 나중에는 예쁜 여자 주인공이랑 사랑도 하고…."

벤저민이 썰렁한 농담으로 분위기를 무마하려는 순간, 피터가 자리를 박차고 일어섰다.

"빌어먹을 학교 얘기 좀 그만해요!"

찬바람을 일으키며 제 방으로 들어간 피터는 문을 잠갔다. 그것은 곧 마음의 문이기도 했다.

도서관에서 만난 크리스틴 선생님

피터가 중학교 3학년인 열여섯 살이 되었을 때, 그의 키는 고작 4.5피트(약 137센티미터)였다. 또래 아이들의 어깨에나 겨우 닿을 정도였다. 키만 작은 게 아니라 세상에서 피터가 차지하는 공간도 한없이 작았다. 마음의 문을 닫아버린 피터는 언제나 혼자였다. 스쿨버스에서도, 쉬는 시간에도, 점심시간에도 '이상한 피터', '콰지모도'는 늘 외톨이였다.

중학교의 마지막 축제를 앞둔 어느 날이었다. 피터가 교실로 들어가려는데 안에서 왁자지껄 떠드는 소리가 들려왔다.

'무슨 일이지?'

고개를 갸웃하며 피터가 문을 여는 순간, 교실이 찬물을 끼얹은 듯 조용해졌다. 조금 전까지의 소란스러움이 마치 거짓말인 것만 같이.

'왜 하필이면 지금 들어오는 거야? 재수 없게!'

피터는 자신을 힐끔거리는 아이들의 속말이 귓가에 생생히 들려오는 듯했다. 얼굴이 빨개진 피터는 고개를 푹 숙인 채 구석의 자기 자리로 가서 앉았다.

잠시 후 아이들이 하나둘 다시 떠들기 시작했다.

"자자, 이야기를 계속해보자고. 센터는 제이슨이 맡는 것에 이견이 없는 것 같고, 가드는…."

알고 보니 학교 축제 때 벌어질 농구 시합을 위해 대표선수를 선발하고, 포지션을 정하는 중이었다. 여자아이들 중에서 치어리더도 뽑았다. 하지만 키 작은 왕따, 피터가 끼어들 자리는 어디에도 없었다. 그는 책상에 얼굴을 파묻고 앉아 반 아이들이 공통으로 내뿜는 거부감 같은 분위기만 뚜렷이 느꼈다.

'젠장, 내가 있으면 불편하다 이거지? 그럼 조용히 빠져주면 될 거 아냐.'

피터는 천천히 일어나 교실을 빠져나왔다. 불끈 화가 치솟았지만, 엄마의 부탁처럼 조금만 참으면 그만이었다. 하지만 문을 닫자마자 들려온 비웃음 소리에 피터는 결국 폭발하고 말았다.

"축제 종목에 어린이 농구 시합은 없대?"

"콰지모도를 위해 농구대를 반으로 자를 수는 없잖아?"

"푸하하하!"

피터는 귀를 파고드는 비웃음에 복도 구석에 놓인 소화기를 집어 들었다. 그리고 교실 문을 열고 들어가 소화기의 안전핀을 뽑았다. 교실이 난장판이 되는 것은 순식간이었다.

"으아악, 저 미친 자식!"

"사, 살려줘! 누가 쟤 좀 잡아!"

소화 분말을 하얗게 뒤집어쓴 아이들이 콰지모도를 잡겠다며 뛰쳐나왔고, 피터는 그대로 줄행랑을 쳤다.

"킥킥킥, 쌤통이다. 내가 당하고만 있을 줄 알았냐!"

아이들을 따돌리기 위해 낯선 건물로 숨어든 피터는 주위를 둘러보았다.

'여긴 어디지? 학교에 이런 곳이 있었나…?'

그곳은 바로 학교 도서관이었다. 지난 3년 내내 한 번도 와본 적이 없는 곳이었다. 그러나 뜻밖에도 도서관은 숨어들기에 좋은 장소였다. 고개를 숙인 채 책을 읽고 공부를 하느라 피터를 신경 쓰는 사람은 한 명도 없었다.

'아니, 그동안 이런 파라다이스를 모르고 있었다니!'

피터는 아무도 자신에게 관심을 주지 않는 도서관이 금세 마음에 들었다. 도서관의 적막감이 주는 묘한 분위기도 그리 나쁘지 않았다.

'좋았어. 이제부터 여기를 내 아지트로 삼겠어.'

그날 이후 피터는 틈만 나면 도서관에 드나들었다. 작은 키를 트집 잡는 아이들도 없었고, 낮잠을 자도 뭐라고 하는 사람이 없었다. 문 닫는 시간까지 구석 자리에서 음악을 듣거나 잠을 자는 것이 어느새 피터의 낙이 되었다.

피터는 축제 기간에도 몸이 아프다는 핑계로 도서관에서 지냈다. 학칙에 어긋나기는 했지만 사고뭉치 피터가 없는 편이 조용했기 때문에 담임 선생님도 모르는 척했다. 교정 곳곳이 함성과 브라스밴드의 음악 소리로 들썩거리는데, 피터의 세계는 암실처럼 어둡고 적막하기만 했다.

'괜찮아. 저까짓 녀석들이랑 어울리는 거 하나도 재미없어. 피터, 너는 어차피 환영받지도 못하는 존재잖아….'

피터는 스스로를 하찮게 여기며 하릴없이 시간을 보냈다. 그러던 어느 날이었다. 한없이 춥고 어두운 피터의 작은 세계에 작은 불빛이 하나 켜진 것은.

피터가 도서관을 찾은 지 일주일이 흘렀을 때였다. 날카로운 가시로 둘러친 그의 높고 단단한 울타리를 누군가가 훌쩍 넘어 들어왔다. 바로 도서관을 들락거릴 때마다 마주치던 사서 선생님 크리스틴 데이비스였다.

"후후, 이름이 피터 홀이라고 했던가? 요즘 자주 보는구나. 우리 정식으로 인사 나눌까?"

크리스틴 선생님이 웃으며 손을 내밀었다. 그녀는 빨간 곱슬머리에 주근깨가 자글자글한 수다쟁이였다. 나이는 잘 모르겠지만 피터 눈에는 거의 할머니로 보였다. 두꺼운 안경에 피터처럼 5피트가 조금 넘는 작은 키였다. 그래서 아이들은 그녀가 일하는 도서관을 '빨간 돼지네 푸줏간'이라고 불렀다.

"책 읽는 중이에요. 말 시키지 마세요."

피터는 크리스틴 선생님이 내민 손을 멀뚱히 바라보다가 고개를 돌려버렸다. 누군가가 자신만의 세계를 침범하는 게 싫어서였다. 그리고 그녀의 작은 키도 한몫했다.

'난쟁이끼리 어울린다는 소문이라도 나면…. 생각만 해도 끔찍해!'

하지만 크리스틴 선생님은 화를 내거나 무안해하는 기색도 없이 유쾌한 목소리로 말했다.

"책을 좋아하나 보네? 요즘엔 네 출석률을 따라갈 사람이 없는데?"

피터가 책상 위에 펴놓은 책을 가리키며 물었다.

"천만에요. 책에는 손톱만큼도 관심 없어요. 관찰력이 좋지 않나 본데 이 책, 일주일 내내 같은 페이지 펴놓고 있는 거예요."

피터는 쌀쌀맞게 대꾸하며 벌떡 일어나 가방을 챙겼다. 그리고 도서관을 빠져나오며 코웃음을 쳤다.

'이 정도면 정나미가 뚝 떨어졌겠지. 아, 짜증 나게 웬 관심? 나는 그딴 값싼 동정심 따위 필요 없다고!'

하지만 그것은 오산이었다. 크리스틴 선생님은 쉬지 않고 피터를 괴롭혔다. 낮잠을 즐기고 있으면 느닷없이 귓가에 소곤거리는 목소리가 들려왔다.

"피터, 자니? 무슨 꿈 꾸고 있니?"

화들짝 놀라 깨어난 피터의 눈에 그를 보며 환하게 웃고 있는 선생님이 보였다.

어느 날은 서고 사이를 배회하고 있는데, 누가 갑자기 등을 두드리는 바람에 깜짝 놀란 적도 있다. 언제 왔는지 소리도 없이 다가온 크리스틴 선생님이었다.

"책을 겉표지로 판단하지 말라는 말이 있단다. 포장이 번지르르하다고 책의 내용까지 좋은 것은 아니란 얘기야."

"그래서요?"

피터가 짐짓 심드렁한 표정으로 대꾸했다.

"마찬가지로 외모가 멋지다고 품성까지 괜찮은 사람일 거라고 판단하지 말라는 뜻이야. 그 반대의 경우가 바로 나지. 후후후."

피터는 즐겁게 웃는 선생님을 빤히 쳐다보았다.

'이분도 어렸을 때 나처럼 놀림을 많이 당했을 텐데…. 왜 맨날 웃고 다니지? 정말 이 세상이 즐겁다고 생각하는 걸까?'

모든 사람이 못생긴 외모와 작은 키로 자신을 판단하는 게 억울하고 미칠 듯이 화가 나는 피터였다. 그렇기에 크리스틴 선생님의 행복한 미소가 어디서 나오는지 도무지 알 수 없었다.

"어때? 도서관에 온 지도 꽤 됐는데 이제 슬슬 책을 읽고 싶은 마음이 들지 않니? 무슨 책이 재미있는지 모르면, 이 선생님이 진짜진짜 재밌는 책들을 골라줄 수도 있는데."

그 말에 피터가 대답을 했건 말건, 선생님은 피터가 도서관에 올 때마다 쉬지 않고 책을 골라주었다. 《호밀밭의 파수꾼》이나 《어린 왕자》처럼 유명한 책들도 있었지만, 대부분 공부에는 전혀 도움이 되지 않고, 주제나 소재도 엉뚱한 책 일색이었다. 《좀비가 되지 않고 좀비와 싸워 이기기》, 《외계인을 만났을 때 내 편으로 만드는 노하우》, 《언제 어디서나 요가하기》, 《야구에 관한 모든 것의 역사》, 《무인도 서바이벌 가이드》, 《속성! 동양철학》, 《남자는 도대체 왜 그래?》….

"내가 권해주는 책, 첫 페이지의 첫 줄만이라도 읽어볼래? 피터가 약속만 지켜준다면 도서관에서 잠을 자든 코를 골든 귀찮게 하지 않을게. 어때?"

"휴, 정말 끈질기시네요. 알았어요. 대신, 약속 지키는 거예요!"

"그럼. 후후후."

간곡한 부탁에 결국 두 손을 든 피터는 환하게 웃는 크리스틴 선생님을 보며 피식 웃고 말았다.

엄마가 죽다

도서관이라는 놀라운 공간을 발견한 지도 어느덧 한 달이 훌쩍 넘어가고 있었다. 그날도 어김없이 도서관에 들렀다가 집으로 돌아온 피터는 침대에 누워 책을 펼쳤다. 크리스틴 선생님이 골라준 헤르만 헤세의 소설 《데미안》이었다.

'방해받지 않으려면 첫 줄이라도 읽기로 했으니 어쩔 수 없지 뭐.'

피터는 자신이 책을 읽는 게 선생님과의 약속 탓이라고 핑계를 대며 책의 서문을 펼쳤다.

"진정으로 내 안에서 솟아 나오려는 것. 나는 그것을 살아보려 했다. 왜 그것이 그토록 어려웠을까?"

'내 안에서 솟아 나오려는 것? 그게 뭐지? 꿈이나 희망 같은 것을 말하는 건가? 앞으로 내가 꼭 하고 싶은 것을 말하나?'

피터는 팔을 베고 누워 헤세가 쓴 첫 문장의 뜻을 궁리해보았다. 그리고 지금 자신 안에서 솟아 나오는 것들은 그것과 전혀 다른, 분노와 좌절과 욕설밖에 없다는 것을 깨닫자 어느새 우울해졌다.

'젠장, 어쩌라고? 헤르만 헤세, 당신은 키가 작지 않았잖아? 내가 겪는 고통 같은 건 알 바가 없으니 한가한 소리나 하는 거잖아, 안 그래? …. 아무튼 약속대로 첫 페이지 첫 줄은 읽었으니까 잠이나 자자.'

서문을 읽고 고민에 빠졌던 피터는 머리가 아파지자 책을 덮어버렸다.

따르릉, 따르릉. 거실에서 울리는 요란한 전화벨 소리에 피터는 잠에서 깨어났다. 힐긋 시계를 보니 새벽 1시였다. 베개 밑에 머리를 파묻었지만 전화벨은 좀처럼 멈추지 않았다.

이 시간에 어떤 미친놈인가 싶어 짜증이 난 피터는 안방을 향해 전화 좀 받으라고 소리를 질렀다. 하지만 누구도 일어나는 기색이 없었다. 전화벨 소리와 함께 아빠 코 고는 소리를 듣던 피터는 그제야 엄마가 야근하는 날이라는 것을 기억해냈다. 엄마가 얼마 전 시내의 한 병원에 취직을 했고, 오늘은 야간 세탁조였다. 피 묻은 침대시트나 환자복을 세탁하는 궂은일이었는데, 야간 근무라 돈을 더 받는다고 기뻐했었다.

피터가 수화기를 들자마자 저쪽에서 급히 물었다.

"신시아 씨 댁이죠?"

"네, 그런데요?"

"지금 전화 받는 분은 신시아 씨와 어떤 관계인가요?"

수화기 너머에서 낯선 남자가 되물었다. 이상한 일이었다. 그 순간 찬물을 끼얹은 듯 잠이 확 달아났다.

"저는 피터 홀이고 아들입니다. 누군데… 그러시죠?"

"에릭슨 플레이스에 있는 제1구역 경찰서입니다. 집에 혹시 어른은 안 계시나요?"

"경찰서요? 지, 지금은 저뿐인데요."

피터는 순간적으로 아빠가 무슨 사고를 낸 것이 틀림없다고 생각했다. 그래서 집에 없다고 얼른 둘러댔다. 하지만 경찰관이 꺼낸 말은 벤저민과는 전혀 상관없는 이야기였다.

"어머니께서 교통사고를 당하셨어요. 아버지께 연락해서 맨해튼 다운타운 병원 응급실로 가시라고 전해주세요."

"네? 사고요? 우리 엄마가요?"

경찰관은 서둘러 가보라는 말과 함께 전화를 끊었다.
'내가 꿈을 꾸고 있는 것은 아닐까? 엄마가 교통사고라니. 많이 다치신 건 아니겠지? 아니야, 아무 일도 없을 거야. 분명 아무 일도 없을 거야!'
피터는 정신없이 안방으로 뛰어 들어가 아빠를 깨웠다.
"아빠! 엄마가…, 엄마가…."
하지만 그는 꿈쩍도 하지 않았다. 술에 취해 잠이 들면 집에 불이 나도 모르는 사람이었다. 피터의 손이 부들부들 떨렸다. 아빠의 한심한 모습에 화가 머리끝까지 치밀었다. 하지만 시간이 없었다. 피터는 대충 메모를 남겨놓고 서둘러 뛰쳐나갔다.

피터가 신시아를 만난 곳은 응급실이 아니라 차가운 영안실이었다.
"엄마, 얼굴이 왜 이래…. 눈 좀 떠봐! 빨리 일어나 집에 가자, 응?"
아무리 세차게 흔들어도 엄마는 깨어나지 않았다. 이리저리 흔들리는 엄마의 얼굴은 고통으로 잔뜩 일그러져 있었다. 늘 환하게 미소 짓던 얼굴이라고는 도저히 믿을 수가 없었다. 피터는 허깨비처럼 바닥에 주저앉고 말았다.
"말도 안 돼…. 우리 엄마는 천사예요. 하늘에 있는 천사보다도 더 착한 진짜 천사. 그런데 왜 우리 엄마를 데려가는 거야? 왜 나한테서 뺏어가는 거냐고!"

피터가 아무리 몸부림쳐도 대꾸 한마디 해주는 사람이 없었다.

벤저민이 병원에 도착한 것은 날이 환하게 밝은 뒤였다.

"다 내가 죽인 거야. 네 엄마는 나 때문에 죽은 거다."

벤저민은 넋이 나간 듯한 얼굴로 계속 같은 말만 중얼거렸다. 충격이 너무나 큰 모양이었다.

"내가 좀더 잘난 사람이었다면, 내가 좀더 돈을 많이 벌었다면… 죽지 않았을 거야. 죽도록 고생만 시켰는데. 난 천벌을 받을 거다. 여보, 미안해. 여보, 미안해…."

사망진단서에 서명을 하고 병원 밖으로 나서는 순간 푹 꺼진 벤저민의 눈에서 그제야 눈물이 흐르기 시작했다. 한번 시작된 눈물은 걷잡을 수가 없었다. 하지만 어깨를 들썩이며 눈물, 콧물이 범벅이 된 아빠를 보아도 피터는 분이 가라앉지 않았다.

"맞아, 아빠 때문이야. 엄마가 밤늦도록 돈을 벌어야 했던 것도, 그래서 사고를 당한 것도 다 아빠 때문이라고."

피터의 목소리는 차분한 만큼 날카로웠다. '정말 지긋지긋해. 당신이라는 사람, 이 세상에서 사라져버렸으면 좋겠어!'라고 덧붙이고 싶었지만 그 말만은 차마 하지 못했다. 엄마 때문이었다.

피터는 엄마의 생전 마지막 모습을 떠올렸다. 어제 아침 식탁에서 나눈 대화가 마지막이었다.

"엄마는 네가 책 읽는 모습을 볼 때가 가장 행복해. 세상의 온

갓 지식과 교양이 우리 아들 머릿속으로 들어가는 것 같아 기분이 무척 좋거든."

피터가 들은 체 만 체하는데도 엄마는 늘 그러듯이 혼자서 이야길 이어갔다.

"엄마 꿈은 말이지, 돈을 많이 벌어서 피터 방에 원목으로 만든 멋진 책상과 책꽂이를 들여놓는 거란다. 책상 앞에서 책을 읽는 네 모습을 떠올리면 상상만으로도 엄만 행복해져. 지식과 교양이 풍부한 사람이야말로 세상에서 가장 키가 큰 사람이래! 피터를 그런 사람으로 만드는 게 바로 엄마의 목표이자 돈을 버는 목적이란다."

어느새 피터에게 다가온 엄마는 어깨에 손을 얹으면서 생기 넘치는 목소리로 말했다.

"병원 월급이 괜찮은 편이니까, 조금만 기다리면 될 거야. 엄마가 책상 사주면 책 많이 읽어야 해, 알았지?"

책을 많이 읽으라는 말이 결국 유언이 되어버린 셈이다.

'미안해, 엄마. 그러겠다고 대답하지 못해서, 엄마 마음 편하게 해주지 못해서 미안해. 엄마.'

피터는 대답하지 못한 것을 후회했다. 책을 읽겠다고 하지 못한 자신을 원망했다. 하지만 후회는 아무리 빨라도 언제나 뒤늦은 일이다.

장례식은 퀸스에 있는 캘버리 공동묘지에서 치러졌다. 피터는 즐비하게 늘어선 비석들을 보면서 저마다 아픈 사연이 있겠지만 우리 엄마처럼 불쌍한 사람은 없을 거라고 생각했다. 평생을 일만 하다가, 키 작은 아들을 위해 살다가 세상을 떠났으니까.

"고인은 이제 하늘나라로 갔습니다. 주님 품에 안겨 영원한 안식을 취하게 될 것입니다. 그곳은 고통도, 눈물도, 괴로움도, 미움도 없는, 자유와 평화가 강물처럼 흐르는 곳입니다. 우리 모두 슬픔을 거두고…."

브루클린 침례교회에서 나온 담임 목사의 설교가 이어지는 동안 벤저민은 핏기 없이 초췌한 얼굴로 눈만 껌뻑이고 있었다. 이제 눈물을 흘릴 기운도 없는 모습이었다. 고개를 푹 숙인 채 엄마 생각에 잠겨 있던 피터는 붉어지는 눈시울을 감추기 위해 이를 악물며 고개를 쳐들었다. 뉴욕의 4월 하늘에 눈이 부셨다.

'울지 않을 거야. 다시는 울지 않을 거야. 개떡 같은 세상에 눈물 보이지 않을 거야!'

장례식이 끝나자 사람들은 하나둘 돌아갔다. 누구에게나 돌아갈 집이라는 것이 있었다. 그러나 피터는 집에 가고 싶지 않았다. 사랑하는 사람이 없는 집은 더는 집이 아니었다. 아내 잃

은 슬픔을 술 먹을 핑계로 삼을 아빠를 생각하니 끔찍하기만 했다. 장례식에 찾아와준 크리스틴 선생님이 차를 태워주겠다고 했지만, 피터는 정중히 사양했다. 그리고 정처 없이 발걸음을 옮겼다.

그렇게 얼마나 걸었을까. 피터는 벤치에 멍하니 앉아 있는 자신을 발견했다. 또 하염없이 걷다 보니 어느새 브루클린 다리 위였다. 다리를 배경으로 사진을 찍느라 분주한 관광객과 사랑스러운 연인들, 화목해 보이는 가족들이 그의 곁을 스쳐 지나갔다. 어느덧 이스트 강 위로 도시의 불빛이 내려앉고 있었다.

집으로 돌아갈 시간이었다. 하지만 피터는 맨해튼 쪽으로 발걸음을 옮겼다. 세계 경제의 중심지답게 눈앞에 화려한 신세계가 펼쳐졌다. 바삐 오가는 차량의 전조등을 무심히 바라보며 걷던 피터는 고개를 들어 밤하늘을 보았다. 그의 눈에 높이 솟구친 빌딩 하나가 보였다. 5번가와 34블록 모퉁이에 위치한 엠파이어스테이트 빌딩이었다.

'저 위에 올라가면 엄마가 도착한 별이 보일까?'

엠파이어스테이트 빌딩에는 뉴욕에서 가장 유명한 전망대가 있었다. 하지만 피터는 한 번도 올라가 본 적이 없었다.

"피터, 내년에는 우리 꼭 엠파이어스테이트 빌딩 전망대에 가 보자. 그곳에서는 자유의 여신상도 보이고, 멀리 대서양까지 보인대."

"우와, 정말 멋지겠다! 우리 꼭 보러 가요!"

어릴 때 엄마와 나눴던 이야기가 꿈결처럼 살아났다. 친척들이 챙겨준 두툼한 지폐 뭉치를 만지작거리던 피터는 빌딩 안으로 들어갔다.

86층 야외 전망대에서 바라본 뉴욕의 야경은 장관이었다. 뉴욕 전체가 마치 별을 뿌려놓은 듯 아름다웠다.

'이런 아름다운 세상이 있다는 것을 알게 된 날이 왜 하필이면 오늘일까? 엄마랑 같이 왔다면 얼마나 좋았을까?'

피터의 눈에 다시 눈물이 맺혔다. 밤하늘엔 별들이 반짝였다. 저 별들 중 어느 별에선가 엄마가 내려다보고 있을 것만 같았다.

'거짓말쟁이 엄마, 로버트 삼촌 키가 6피트나 된다고? 호호.'

피터는 장례식에서 처음 만난 로버트 삼촌을 떠올리며 쓰게 웃었다. 로버트 삼촌은 5.5피트도 될까 말까 한 땅딸막한 남자였다. 피터는 자기에게 희망을 주려고 무진 애를 쓰던 엄마를 떠올렸다. 끝끝내 참고 있던 눈물이 주르륵 흘러내렸다.

'이제… 영영 볼 수 없는 거야? 정말 그곳에는 고통도 괴로움도 없어? 나는 이제 완전히 외톨이가 되고 말았는데…. 나는 어떡해? 대답 좀 해봐, 엄마….'

그때 유난히 반짝이는 별빛 하나가 눈에 들어오면서 아주 오래전에 엄마가 들려줬던 이야기가 떠올랐다.

"피터, 옛날 사람들은 길을 잃으면 밤하늘의 별을 보고 길을 찾았단다. 길이 보이지 않는 외로운 사막에서도, 파도가 무섭게 몰아치는 망망대해에서도 별빛에 의지해 방향을 잡고 두려움을 이겨냈대. 그래서 별빛은 누군가에게는 희망이 되고, 누군가에게는 꿈이 되고, 사랑이 되는 거야. 피터, 살다 보면 정말정말 힘들 때가 있을 거야. 이 엄마조차 도움을 줄 수 없는 때…. 그때는 별을 한번 쳐다봐. 나의 목적이 뭔가를 생각하고 방향을 확인하는 거지. 그런 다음에는 다시 씩씩하게 걸어가는 거야."

하늘에는 별무리가 흐드러지고, 땅에도 수많은 불빛이 휘황찬란했다. 그러나 피터는 사막 한가운데, 바다 한가운데 떨어진 듯 절망의 한가운데 서 있을 뿐이었다.

'엄마, 엄마는 오늘 같은 날이 올 것을 알았던 거야? 그래서 별을 보라고 했던 거야? 이제 엄마가 별이 되어서 내 길을 이끌어주는 거야?'

머릿속에서 생각이 이어질 뿐인데도, 엄마라는 단어만 떠올리면 눈물이 솟았다. 하지만 계속 이러고 있을 수는 없었다. 그것은 엄마가 바라는 모습이 아니었다.

'내가 길을 잃을 때마다 엄마가 가르쳐줄 거지? 나를 완전히 떠나버린 건 아니지? 엄마 소원처럼 나도 다시 힘을 낼게. 엄마가 웃을 수 있게 힘을 낼게.'

주먹으로 눈물을 닦아내며 피터는 별을 향해 나직이 속삭였다. 그러다가 주위에 삼삼오오 모여 있는 관람객들을 무시하고 주먹을 불끈 쥐며 소리쳤다.
"엄마, 약속할게! 멋진 피터, 자이언트 피터가 될게!"
피터의 목소리가 멀리멀리 세상을 향해 퍼져나갔다.

사람은 무엇으로 사는가?

　장례식이 끝나고 며칠 만에 등교한 학교는 여전했다. 엄마 잃은 피터를 흘끔대며 수군거리는 것도 잠시, 아이들은 금세 예전으로 되돌아갔다. 철저한 무관심이 다시 시작되었다.
　'괜찮아, 싸구려 동정 따위 바라지도 않았어. 가만히 내버려 둬서 오히려 내가 고맙다.'
　피터는 수업이 끝나자마자 아이들을 피해 도서관으로 향했다. 그곳에선 언제나처럼 크리스틴 선생님이 환한 미소로 반겨 주었다.
　"안녕, 피터!"

순간 피터는 피식 웃고 말았다. 크리스틴 선생님의 얼굴에 주근깨가 더 많아져서가 아니었다. 짧은 다리로 뒤뚱거리며 달려오는 폼이 우스꽝스러워서도 아니었다. 그 천진난만한 미소를 모른 척하기가 쉽지 않은 일이었기 때문이었다.

"그동안 안녕하셨어요?"

피터가 미소를 숨기며 인사를 건네자 크리스틴 선생님이 장난스럽게 꿀밤을 먹이며 말했다.

"천만에, 피터라는 녀석 걱정하느라 안녕하지 못했다. 아무튼 마침 잘 왔구나. 지금 막 기사 하나를 복사하던 중이었거든."

선생님은 종이 한 장을 피터 코앞으로 내밀었다.

"〈포춘〉이라는 비즈니스 잡지 알지? 거기서 선정한 500대 기업의 최고경영자(CEO)를 조사했더니, 글쎄 52퍼센트가 중하위층이나 빈곤층 출신이었다는구나. 특히 미국의 백만장자 중에서 80퍼센트가 자수성가형이었다니 놀랍지 않니? 놀라운 건 또 있어. 세계 일류 리더 300명 중 75퍼센트가 가난한 가정에서 자랐고, 어린 시절에 학대를 당한 경험이 있다는 거야. 그중에는 심각한 신체장애를 안고 있는 이들도 있어. 그러니까 결론은, 결코 부자 아빠 밑에서 부자 아들이 나온 것이 아니란 얘기야."

신이 나서 이야기를 늘어놓던 선생님이 피터 쪽으로 고개를 쑥 내밀며 물었다.

"이 사람들의 공통점이 뭔지 아니?"

"남들보다 운이 좋았겠죠. 뭐."

피터는 내심 궁금했지만, 겉으로 표현하기에는 쑥스러워 어깨를 으쓱했다.

"이런 세상에, 답이 그거면 내가 물어보지도 않았지. 잘 생각해봐."

"모르겠으니 얼른 얘기나 해보세요."

"바로 긍정적으로 생각하고 행동하는 거래."

피터는 살짝 실망감을 느꼈다. 아마도 엄청난 비밀이 있을 거라고 기대했는데 뜻밖에 평범한 답이어서다.

"별거 아닌 것처럼 느껴지니? 하지만 그렇지 않아. 사람들은 보통 어려운 일에 부닥치면 겁부터 집어먹잖아. 그래서 그 일을 해볼 엄두를 내지 못하지. 결국엔 해보지도 않고서 못하는 사람이 되고 마는 거야. 그런데 이들은 그냥 '할 수 있어, 그까짓 거' 하고 생각한다는 거야. 할 수 있다고 생각하니까 덤벼볼 수 있는 거고, 문제를 풀어가면서 결국은 해내는 거지. 물론 네 말대로 운도 따랐겠지만, 운을 바라며 두 손 놓고 있었다면 백만장자가 되고 리더가 될 수 있었을까? 즉 인생은 운명이 아니라 노력에 따라 새롭게 만들어갈 수 있다는 뜻이야."

일장연설이라도 늘어놓을 것 같던 선생님은 거기서 이야기를 마치고, 피터에게 뭔가를 내밀었다.

"그건 그렇고, 자 여기, 너를 생각하며 준비한 선물이야."

"네? 무슨…."

크리스틴 선생님이 피터의 가방에 우격다짐으로 집어넣은 것은 한 권의 책이었다.

"혹시라도 이유 없이 화가 나거나 교실이 불편하면 언제든지 도서관으로 오렴. 호호호."

"오늘은 지나가다 우연히 들른 것뿐이에요. 잔소리나 듣고, 괜히 왔다 싶네요."

피터는 마음에도 없는 소리를 내뱉으며 돌아섰다. 그리고 문을 나서면서 힐끗 뒤를 돌아보았다. 크리스틴 선생님이 여전히 미소를 머금은 채 피터를 보고 있었다. 피터는 울컥하는 마음을 들킬세라 재빨리 고개를 돌리며 속으로 중얼거렸다.

'고마워요, 선생님. 저한테 그렇게 웃어주는 사람이 아직도 있네요. 따뜻해요….'

크리스틴 선생님이 선물한 책은 톨스토이의 단편집 《사람은 무엇으로 사는가》였다. 집에 돌아와 책을 펴 든 피터는 책장 사이에서 노란색 메모지 한 장을 발견했다.

피터, 얼마나 마음이 아프니. 쉽지는 않겠지만 용기를 내기 바란다. 마음이 무너지면 아무것도 할 수가 없단다. 힘들수록 마음을 다잡아야 해. 선생님도 어릴 때 아버지를 여의었는데, 그때 이 책이 많은 도움이 되었단다. 그래서 너에게 꼭 선물하고 싶었어. 우리 인간은 모두 나약한 존재여서 자신에게 무엇이 필요한지도 모르는 채 살아가지. 그래서 늘 불안한 거란다. 하지만 톨스토이는 미래에 어떤 일이 일어난다 해도 우리 안에 사랑이 있다면, 서로 배려하고 이해하며 사랑을 나눈다면 얼마든지 풍요롭고 가치 있고 아름다운 인생을 살아갈 수 있다고 얘기했어.

절망하고 미워하며 고독에 빠지기보다는 먼저 손을 내밀고 사랑하는 것이 지혜로운 삶의 태도가 아닐까? 엄마가 피터를 사랑했던 것처럼 너도 아빠를 사랑하고 친구를 사랑하고 이웃을 사랑하는 건 어떨까? 그게 엄마가 정말로 바라시는 게 아닐까?

나는 언제나 널 믿는단다. 사랑한다, 피터.

―크리스틴 데이비스

피터의 눈시울이 시큰해졌다. 엄마 말고도 자기를 믿어주고 자기를 위해 기도해주는 사람이 있다는 것이 너무나 고마웠다.

'선생님, 좋은 말씀 감사해요. 선생님 말씀처럼 열심히 해보고 싶어요. 엄마한테도 멋진 아들이 되고 싶어요. 그래야 엄마가 실망하지 않을 테니까요…'

피터는 울먹이며 다짐했다.

다행스러운 것은 피터뿐만 아니라 벤저민도 나름대로 노력하는 모습을 보이고 있다는 것이었다. 장례식이 끝난 뒤부터 그는 술을 끊고 열심히 돈을 벌겠다며 쉬지 않고 일을 나갔다.

"세상을 살아가는 데 돈만큼 중요한 것은 없다. 너도 고등학교를 졸업하면 돈부터 벌어라. 돈이 있어야 세상이 우리를 무시하지 않는다. 네가 부자가 되면 키가 작은 것쯤 아무 문제도 안 될 거야."

그는 얼굴을 마주칠 때마다 돈 이야길 했다. 자신들이 가난하게 사는 것도, 가정불화를 겪었던 것도, 엄마가 죽은 것도 모두 그놈의 돈 때문이라고 생각했다.

'맞아, 돈이 없었기 때문이야. 크리스틴 선생님이 말했지. 세상의 부자들 중에서도 나처럼 어릴 적에는 가난했던 사람이 많았다고. 그러니까 나도 열심히 노력하면 돈을 벌 수 있을 거야.'

피터는 오랜만에 아빠와 생각을 공유하고 있다는 데 묘한 기분을 느꼈다. 그렇다고 부자 사이가 좋아진 것은 아니었다. 한 지붕 아래 살고 있다는 것만 빼면 둘은 이미 가족이라고 할 수 없는 관계였다. 서로에게 필요한 말만 주고받았고, 밥도 대부분 따로 먹었다. 그냥 그것이 서로에게 더 편했다. 이상하게도 피터는 각자의 생활을 간섭하지 않는 휴전 상태가 오히려 더 좋았다.

피터의 하루가 조금씩 변화해갔다. 수업이 끝나면 자연스럽게 도서관으로 향하는 건 이전과 마찬가지지만, 하릴없이 낮잠을 자거나 음악을 듣던 과거와 달리 조금씩 책을 읽기 시작했다.

하루는 피터가 도서관에 들어서는데, 크리스틴 선생님이 액자를 벽에 걸고 있었다. 액자에는 한 남자의 사진과 함께 다음과 같은 문장이 있었다.

어렸을 때의 나에게 독서를 지도해줄 누군가가 있었더라면 얼마나 좋았을까? 도움이 되지 않는 책에 허비한 시간을 생각하면 한숨이 나온다.
－버트런드 러셀(1872~1970)

피터는 말없이 문장을 읽고 또 읽었다.

'누군가가 있었더라면, 누군가가 있었더라면…. 나에게는 크리스틴 선생님이 누군가일까….'

피터는 작은 키로 사다리에 올라 아슬아슬하게 작업을 하고 있는 선생님을 바라보았다. 선생님은 미간에 힘을 주고 완전히 열중해 있어서 피터가 들어오는 것도 모르는 듯했다. 자기처럼 키가 작으면서도 크리스틴 선생님에게는 뭔가 다른 것이 있었다. 자기는 세상을 삐딱하게 보지만, 선생님은 늘 따뜻하고 유쾌하게 바라보았다.

'나도 그렇게 될 수 있을까? 나도 선생님처럼 환하게 웃을 수 있을까?'

피터가 그런 생각에 빠져 있을 때였다. 선생님의 몸이 순간 중심을 잃고 휘청거렸다. 피터는 반사적으로 내달려 위태롭게 흔들리는 선생님을 붙잡았다.

"휴, 큰일 날 뻔했네! 피터, 네가 없었으면 어쩔 뻔했니?"

놀란 가슴을 진정시킨 선생님이 피터의 머리를 쓰다듬었다. 피터의 얼굴이 빨갛게 물들었다. 둘은 나란히 서서 액자를 바라보았다.

"버트런드 러셀 경은 영국의 수학자이자 철학자로 노벨 문학상을 받았어. 어렸을 때 부모님이 돌아가셨지만, 열심히 책을 읽고 공부한 덕분에 '20세기의 지성'이라 불릴 정도로 훌륭한 사람이 됐지. 그리고 그 3년 후에 노벨 문학상을 받은 사람이 바로 윈스턴 처칠이야. 너도 알지, 윈스턴 처칠이 누군지?"

"아, 그 영국 정치가요?"

"그래. 뜻밖의 얘기겠지만 처칠은 어려서 말썽꾸러기에 낙제생이었다고 해. 그래도 책을 가까이 한 덕분에 역사상 가장 위대한 영국 총리가 되었단다. '리더는 독서가다 (Leaders are readers)'라는 말, 혹시 들어봤니? 링컨이나 케네디도 독서의 힘으로 리더가 된 사람이야. 책을 통해 인생의 목표를 정하고, 목표를 이루기 위해 열심히 노력한 사람들이란다."

피터는 엄마가 했던 말을 떠올렸다.

'책을 읽고 공부를 해서 마음의 키를 키우면, 비록 몸은 작더라도 얼마든지 큰 사람이 될 수 있단다. 아니, 마음의 키가 큰 사람이야말로 진정한 거인이라고 할 수 있어.'

"정말 책을 열심히 읽고, 열심히 공부하면 저도 거인이 될 수 있을까요? 돈도 많이 벌고, 다른 사람한테 존경받는 그런 사람이 될 수 있을까요?"

피터의 질문에 크리스틴 선생님이 비밀을 이야기하듯 소곤거리며 말했다.

"피터, 너한테만 살짝 해주는 얘긴데 말이야. 나폴레옹, 베토벤, 볼테르, 피카소, 테레사 수녀, 칸트…, 이 사람들의 공통점이 뭔지 아니?"

"누굴 바보로 아세요? 위대한 업적을 남긴 위인들이잖아요."

피터가 어처구니없다는 눈빛으로 되묻자 선생님은 검지를 펴들고 좌우로 저었다.

"딱 반만 맞았어. 정답의 나머지 반은, 하나같이 키가 작은 사람들이었다는 거야."

"지금 저를 놀리시는 건가요?"

피터는 발끈했다. 사실 그는 나폴레옹 위인전조차 읽어본 적이 없었다.

"호호호, 설마 내가 키로 너를 놀리겠니? 피터, 너도 짐작하겠지만 선생님도 어릴 때부터 놀림을 많이 받았단다. 키 때문에 고민도 많이 했지. 하지만 키는 인생의 성공이나 실패, 행복이나

불행과는 아무런 상관이 없더라고. 마이클 잭슨과 어깨를 나란히 했던 유명한 가수 프린스도 그렇고, 수십 편의 영화에서 활약한 배우 대니 드 비토도 키가 무척 작았어. 네 별명이기도 한 《피터 팬》 있잖아, 그 저자 키가 너랑 비슷했다는 것도 몰랐지?"

"…."

크리스틴 선생님은 아무 말도 못 하는 피터를 보며 말을 이었다.

"키가 크다고 모든 일을 다 잘하는 건 아니야. 내 일을 보렴. 도서관 업무를 하는 데 꼭 키가 커야 할 이유는 없지 않니? 서고 높은 곳에 책을 꽂을 땐 어떡하냐고? 뭐가 걱정이야, 사다리가 있는데. 너도 키가 좀 작기는 하지만 노력에 따라 충분히 운명을 개척할 수 있다고 보는데. 어때?"

피터는 가슴이 움찔 요동치는 것을 느꼈다. 단단한 껍질에 작은 금이 가는 소리가 들리는 것도 같았다. 그 느낌은 피터를 설레게 하는 것 같기도 하고 불안하게 하는 것 같기도 했다. 가슴이 벅차오른 피터는 평소라면 하지 않았을 마음속 이야기를 꺼냈다.

"선생님, 대체 저한테 왜 이렇게 잘해주시는 거예요? 그 이유를 모르겠어요. 다른 사람들은 다 저를 놀리고 무시하는데…."

"너를 위로하고 싶고, 너에게 힘을 주고 싶어서란다. 왜냐고? 내가 너 같았으니까."

크리스틴 선생님이 피터의 손을 잡고 이야기했다.

"아까도 얘기했지? 어릴 적에 너처럼 상처를 많이 받았다고. 선생님도 그때 나를 위로해서 상처를 이겨내게 해준 사람이 없었다면, 지금의 내가 되지 못했을 거야. 이제는 내가 너에게 그 일을 해주고 있어. 너를 위로해서, 네가 상처를 이겨낼 수 있도록. 피터, 내게 기회를 주지 않겠니?"

"서, 선생님…."

"피터, 너는 할 수 있단다. 마음만 먹으면 돼."

피터는 가슴이 제멋대로 고동치는 것을 느꼈다. 어떻게 달래야 할지 알 수 없는 참으로 당황스러운 느낌이었다.

가출, 노숙자가 되다

피터는 어느새 고등학생이 되었다. 그렇다고 해도 달라진 것은 많지 않았다. 앤서니 중학교와 고등학교는 한 울타리 안에 있어 공부하는 건물만 바뀌었을 뿐이다. 무엇보다 피터의 키도 중학교 때 그대로였다. 친구들은 하루가 다르게 쑥쑥 컸지만, 피터는 키 재는 일을 한참 전에 그만두었다.

'괜찮아, 유럽을 정복한 나폴레옹도 키가 나만 했다는데 무슨 상관이야. 또 키만 크면 뭐해. 그렇게 뻐기던 크리스 녀석, 그깟 운전면허를 못 따서 징징대냐. 이 몸은 단번에 땄는데 말씀이야.'

피터는 도서관으로 발걸음을 옮기며 웃음을 지었다. 며칠 전 한 번에 합격한 운전면허 시험을 떠올리니 어깨에 절로 힘이 들어갔다.

'그러고 보니 변하지 않아서 다행인 것도 있네.'

바로 중학교와 고등학교가 도서관을 함께 사용한다는 점이었다. 피터와 크리스틴 선생님의 사이는 예전보다 훨씬 부드러워졌다. 그에 따라 피터의 독서량과 수준도 하루가 다르게 향상되었다.

물론 하루아침에 일어난 변화는 아니었다. 선생님의 끈질긴 설득에 항복한 피터는 첫 장, 첫 페이지, 아니면 첫 줄이라도 읽겠다는 생각으로 책을 펼쳤다. 머리에 쏙쏙 들어오지는 않았지만, 조금씩 양을 늘려나갔다. 한 권을 다 읽고 나면 마음 한구석에서 피어오르는 뿌듯한 느낌이 좋았다. 그런 자신이 대견하기도 했다.

"어때? 책을 읽는 게 마냥 바보 같고 쓸데없는 일은 아니지?"

"시간 보내기에 나쁘지는 않은 것 같네요."

"그러면 이제부터 독서 노트를 써보는 것은 어떨까?"

"독서 노트요?"

"그래, 한 번 읽고 책장을 덮기에는 너무 아쉽잖아."

독서 노트라 해서 대단한 건 아니고, 책 내용이나 느낌을 메모하는 정도면 된다고 했다.

"부탁하시니까 해보기는 하죠, 뭐."

피터의 말에 크리스틴 선생님이 빙그레 미소를 지었다. 적극적인 모습은 아니어도 과거에 비해 놀라울 정도로 변한 제자를 보니, 뿌듯한 마음을 금할 수가 없었다.

피터는 책 한 권을 모두 읽고 나면 독서 노트를 작성했다. 제목과 저자 등의 간단한 정보를 적고, 두세 줄로 줄거리를 간추리고, 나름대로 생각한 주제와 느낀 점 등을 메모했다. 그러자 신기한 일이 벌어졌다. 독서 노트를 작성하며 조금씩 '쓰기'를 반복하다 보니 '읽기'가 더욱 익숙하고 수월해졌을뿐더러, 마음의 키가 부쩍 자라는 느낌이 들었던 것이다.

'그래, 선생님 말씀처럼 키는 자라는 게 멈췄지만 대신 마음이 자라고 있잖아. 나는 할 수 있어!'

피터의 마음속에 조금씩 빛이 들기 시작했다. 만약 엄마가 지금 자신의 모습을 보았다면 이렇게 말했을 것이라 생각하며 피터는 웃었다.

"오, 피터. 모든 것을 부정적으로 바라보던 우리 피터의 마음에도 긍정의 씨앗이 싹을 틔웠구나!"

어느 날 피터가 《호밀밭의 파수꾼》을 읽고 있을 때였다. 크리스틴 선생님이 몰래 다가오더니 그 책을 보고는 짐짓 호들갑스럽게 물었다.

"오호, 《호밀밭의 파수꾼》이잖아! 너도 가출하려고? 왜? 언제?"

"그 말씀은 대체 가출을 하라는 거예요, 말라는 거예요? 선생님이면 가출하겠다는 것도 말려야 하는 거 아니에요?"

"하하하, 만약 가출할 생각이면 선생님한테 꼭 말하고 해야 한다는 거지."

피터는 크리스틴 선생님의 엉뚱한 말에 피식대면서도 가슴 한편이 따뜻해지는 느낌이 들었다.

"그런데, 책에서 주인공 홀든이 왜 빨간 사냥 모자를 쓰는지 아니?"

"모르겠어요. 특별한 의미라도 있나요?"

"빨간 사냥 모자는 홀든의 분신이나 내면세계를 뜻한다고 볼 수 있어. 홀든이 모자챙을 뒤로 돌려쓰지? 바로 현실과 타협하지 않겠다는 뜻이야. 음…, 이제야 말하지만 그때 네가 꼭 그랬단다. '난 세상과 타협하지 않겠어. 왜! 난 작으니까!' 그렇게 소리치는 것 같았지."

"그건 또 무슨 말씀이에요?"

선생님의 뜬금없는 얘기에 피터가 고개를 갸웃했다.

"기억 안 나지? 하지만 선생님은 똑똑히 기억한단다. 네가 처음 도서관으로 뛰어들던 그날을 말이야. 네 머리에는 빨간 모자가 씌워져 있었지. 그때 선생님은 오랜만에 《호밀밭의 파수꾼》을 다시 읽고 있었거든. 그런데 고개를 들어보니 세상과 싸우는 작은 홀든이 내 눈앞으로 달려오지 뭐니. 세상에, 너와 나의 인연이 얼마나 깊은지 이제 알겠지?"

"아….”

"당시의 너는 세상에 전혀 관심이 없는 아이처럼 보였단다. 그래서 관심 분야를 넓혀줘야겠다고 생각했어. 책을 통해서라도 간접 경험을 하고, 희망과 꿈을 찾으라고 말이야. 홀든이 호밀밭을 지키는 파수꾼이 되고 싶어했던 것처럼 선생님도 너를 지켜주고 싶었단다."

"그래서 그 독특한 제목의 책들을 마구 갖다 주신 거예요?"

"호호호. 맞아. 독서란 일종의 숨은그림찾기 같은 거야. 똑같은 책을 읽어도 그 안에 담긴 진리를 보는 사람이 있고, 보지 못하는 사람이 있거든. 행간에 숨은 뜻을 찾는 게 독서의 참재미란다. 그래서 다양한 분야의 책을 많이 읽어봐야 해. 많이 읽다 보면 마법처럼 네 눈에 들어오는 '어떤 이야기'가 있을 거야. 그 이야기가 너의 숨은 재능, 관심, 희망, 미래, 꿈에게 말을 걸게 될 거야. 아유, 어쨌든 아쉽다. 그때 다 읽었더라면 좋았을 것을….”

피터는 버트런드 러셀의 문장을 떠올렸다. 자신에겐 좋은 책을 권해주는 고마운 사람이 있었는데도 그걸 알아보지 못했던 오만함을 후회했다.

"자, 그건 그렇고. 오늘은 파스칼의 《팡세》 얘기를 좀 해볼까?"

"파스칼이 말하는 '최고의 행복'에 대해서 먼저 짚어보았으면

해요."

"그러자꾸나. 그건 말이지…."

피터는 크리스틴 선생님의 도움을 받으며 엄마가 그토록 원하던 마음의 키를 조금씩 키워나갔다.

"헤이, 난쟁이! 요즘 책 좀 들고 다니는데? 뭐하려고? 쌓아놓고 어디 올라서려고?"

"책보다는 사다리가 필요하지 않겠어?"

도서관을 뻔질나게 드나드는 피터를 보며 비아냥거리는 아이들도 있었다. 하지만 피터는 이제 그런 시비에 휘말리지 않았다. 마음에 여유가 생긴 것이다.

"열심히 공부해서 네 사장님이 되려고 그런다, 왜!"

하지만 모든 것이 한꺼번에 달라질 수는 없었다. 희망과 꿈, 행복이라는 단어를 조금씩 받아들일수록 마음 한구석에서는 불안감이 끈질기게 달라붙었다. 바로 아빠 때문이었다.

"맙소사, 피터! 얼굴이 왜 그러니?"

"아, 아무것도 아니에요…."

크리스틴 선생님이 깜짝 놀라 다가오자 피터는 머리를 푹 숙이며 말을 더듬었다. 피터의 왼쪽 얼굴에는 시퍼렇게 멍이 들어 있었다.

"똑바로 말하지 못하겠니? 대체 어떤 녀석이 이렇게까지 한 거야?"

"아니라고요! 그냥 부딪힌 거니까 신경 쓰지 마세요!"

피터는 버럭 소리를 치고는 도서관을 빠져나왔다.

하늘 저 멀리서 먹구름이 잔뜩 몰려오고 있었다. 금방이라도 비가 쏟아질 것 같았다. 수업을 마친 아이들이 서둘러 집으로 돌아갔다. 하지만 피터는 집에 들어가기가 두려웠다.

'아빠가 집에 있을까? 또 술에 취해 있으면 어쩌지….'

벤저민은 어느새 예전으로 돌아가고 말았다. 하루가 멀다고 술을 마시고 난리를 피웠다. 일을 하는 날보다 쉬는 날이 더 많았다.

"힘들어 못 살겠어. 신시아, 당신 없는 세상 어떻게든 잘살아 보려고 했는데…. 신시아, 나도 좀 데려가 줘. 나도 이런 아빠가 되고 싶지 않았는데, 내가 베트남에서 어떻게 살아남았는데…. 너한테 이런 꼴을 보이는구나. 미안하다, 피터. 하지만 넌 몰라. 모른다고…."

피터는 술에 취해 횡설수설하는 아빠를 차갑게 노려보았다. 처음에는 아내를 잃은 슬픔에 괴로워하는 것처럼 보였다. 그래서 이해하려고 노력도 해보았다. 하지만 착각이었다. 그는 심각한 알코올 중독자 그 이상도 이하도 아니었다. 술 한 잔을 마시면 웃고, 열 잔을 마시면 울고, 스무 잔을 마시면 화를 내고, 술을 물처럼 마신 날에는 주먹질을 해댔다.

"너 때문에 엄마가 죽은 거야. 내 눈앞에서 당장 사라져, 이 재수 없는 난쟁이 녀석!"

처음에는 따귀를 때리거나 주먹으로 머리를 때리는 수준이었다. 그러나 얼마 전부터 벤저민은 눈에 보이는 건 뭐든지 손에 들고 닥치는 대로 피터를 향해 휘둘렀다. 피터는 벤저민이 지쳐 쓰러질 때까지 두 팔로 얼굴을 감싼 채 속으로 외치고 또 외쳤다.

'제발 얼굴만은 때리지 말라고. 다른 데는 다 맞아도 되지만, 얼굴에 멍들면 창피하잖아. 크리스틴 선생님이 걱정하신단 말이야.'

피터는 애벌레처럼 온몸을 둥글게 만 채 지옥 같은 시간을 견디고 또 견딜 뿐이었다.

해가 지자 예상대로 비가 내리기 시작했다. 그리고 또 불길한 예상대로 잔뜩 술에 취해 집으로 돌아온 아빠가 주먹질을 하기 시작했다. 그러나 이번에는 상황이 어느 때보다 심각했다. 피터를 향해 주먹을 휘두르던 그가 부엌에서 식칼을 들고 나온 것이다. 피터는 재빨리 방으로 도망쳐 문을 걸어 잠갔다.

"빌어먹을 놈의 자식! 다 같이 죽자. 이렇게 살아서 뭐하겠니.

제발 같이 가자, 피터. 응? 잠깐만 문 좀 열어봐. 피터, 엄마 못 봤니? 누굴 만나러 간 거야?"

방문 밖에선 만취한 벤저민이 끝없이 횡설수설하고 있었다. 아빠가 제풀에 지치기만을 기다려야 하는 피터에게 시간은 멈춘 듯이 느껴졌다. 너무나 무서웠지만 도와달라고 말해볼 데도 없었다.

그렇게 얼마나 지났을까. 갑자기 밖에서 둔탁한 소음과 함께 문이 부서지는 소리가 들렸다. 사람들의 발소리와 아빠의 비명 소리, 경찰 어쩌고 하는 소리도 들렸다. 겨우 방문을 연 피터는 그대로 얼어붙고 말았다. 흰 가운을 걸친 젊은 남자들과 경찰관들이 아빠를 바닥에 눕히고 힘으로 제압하고 있었다.

"무, 무슨 일이죠?"

"주민들 신고가 들어왔다. 아버지가 만취해서 아들을 때린다고. 죽여버리겠다는 소리가 밖에까지 들려서 강제로 들어왔다."

"네? 그, 그렇지만 저는 괘, 괜찮아요. 가끔 술에 취할 때만…"

"네 아버지는 칼까지 들고 있는 매우 위험한 상태여서 이대로는 곤란해 보이는구나. 주민들의 신고와 증언 증거까지 확보했으니 알코올 중독자 요양원에 입원하셔야 할 게다. 가정폭력금지법을 위반한 알코올 중독자의 강제 입원은 본인과 보호자의 동의 없이도 가능하니까."

피터는 느닷없는 상황에 정신을 차릴 수가 없었다.

"아니야, 아니라고! 난 술에 취하지 않았어! 이 자식들아, 내가 누군지 알아? 내가 바로 베트남 전쟁의 영웅 벤저민 홀이야! 전쟁 영웅을 이런 식으로 대접해? 이 나쁜 놈들아."

벤저민이 고함을 치며 반항했지만 헛수고였다.

"일단 시립 알코올 중독 요양원에서 약물치료와 재활치료를 병행할 거고 가족이 언제든 면회할 수 있으니 안심하렴."

벤저민은 이웃 주민들이 지켜보는 가운데 앰뷸런스에 강제로 태워졌고, 요란한 사이렌 소리와 함께 멀어져갔다. 사람들은 홀로 남겨진 피터를 보며 혀를 차다가 하나둘씩 돌아가 버렸다.

"이젠 정말 나만 남았구나. 다 떠나고 나만…."

홀로 남겨진 피터는 망연자실한 채 중얼거렸다. 차갑게 쏟아지는 빗줄기를 온몸으로 맞고 있는데도 치밀어 오르는 분노에 온몸이 펄펄 끓었다. 불끈 쥔 주먹 안에서 요양원 연락처가 적힌 종이가 구겨지고 있었다.

날이 밝고도 한참이나 지났지만 피터는 아직도 이불 속에 있었다. 학교에 갈 생각 같은 건 눈곱만큼도 들지 않았다. 크리스틴 선생님께 연락할까 생각도 했지만, 차마 전화기를 들지 못했다. 선생님에게 또다시 우울한 모습을 보이고 싶지 않았다.

'어차피 대학에 진학도 못할 텐데 학교는 가서 뭐하게? 고등학교 졸업장은 따서 뭐하게?'

피터는 그냥 다 끝내고 싶었다. 이 상황에서 빨리 벗어나고만 싶었다. 아빠가 어떻게 됐는지 전혀 궁금하지 않았다. 요양원에 가봐야 한다는 생각 역시 들지 않았다.

한참을 고민하던 피터는 눈에 띄는 대로 짐을 싸서 집을 나왔다. 어차피 아빠가 없으면 앞으로 집세를 낼 수도 없다. 은행의 독촉장을 받게 될 것이다. 게다가 그냥 집에 머물다가는 미성년자이기 때문에 본 적도 없는 친척이나 일정 기간 보살펴주는 임시 부모에게 맡겨질 것이다. 피터는 차라리 먼저 떠나는 편이 낫다고 생각했다.

'도대체 얼마나 더 바닥을 기어야 내 삶에도 반전이라는 게 찾아올까?'

무작정 길을 걷는 피터의 머릿속은 뒤죽박죽이었다. 조금씩 자라던 키는 어느 날 갑자기 멈춰버렸다. 쌓이고 늘어만 가던 분노를 사랑과 정성으로 다독여주던 엄마는 세상을 떠났다. 크리스틴 선생님과 책이라는 세상을 만나 행복의 맛을 알아가려던 순간, 이번에는 고아 아닌 고아가 되었다.

'왜 나에겐 행복이 그렇게 짧기만 할까? 도대체 행복이란 게 뭘까?'

피터는 자신에게 닥친 현실이 절망스러웠다. 세상 모두가 자신을 벼랑 끝으로 떠미는 것 같았다. 그런 피터의 머릿속에 떠오른 결론은 단 하나였다.

'그래, 돈이야! 술주정뱅이에 자기밖에 모르는 막노동꾼이지만 아빠 말이 맞아. 내게 닥친 모든 불행의 시작은 결국 돈이었어. 돈이 많았으면 좋은 병원에서 꾸준히 치료할 수도 있었을 테고, 몸에 좋은 음식을 많이 먹어서 분명히 키가 자랄 수 있었을 거야. 엄마가 죽은 것도 그놈의 돈 때문이잖아. 돈을 벌려고 야근을 하다 사고를 당했으니까.'

피터는 심지어 아빠가 알코올 중독자가 된 것도 돈이 없었기 때문이란 생각이 들었다.

'사람이 무엇으로 사느냐고? 아무리 좋은 말을 해도 결국에는 다 돈 아냐? 톨스토이도 돈을 벌기 위해서 책을 썼겠지. 멋진 캐딜락을 타려면 돈이 많아야 하는 거 아냐? 키가 작아서 농구를 못하면 프로 농구팀을 사버리면 그만 아닌가? 마음의 양식? 젠장, 그런 건 돈 있는 사람들이나 떠들어대는 헛소리라고! 성공의 척도가 곧 돈인 세상이잖아. 이 빌어먹을 세상, 똑똑히 두고 봐. 난 부자가 되고 말겠어.'

피터는 이를 악물고 휘청대던 다리에 힘을 주었다. 그리고 허드슨 강이 보이는 쪽으로 걸음을 옮겼다. 뉴욕증권거래소, 미국상공회의소, 연방준비은행 등이 몰려 있는 세계 금융의 중심지 월스트리트였다. 돈을 벌어 성공하기로 한 이상 돈의 한복판으로 풍덩 뛰어들 작정이었다.

'만약 가출할 생각이면 선생님한테 꼭 말하고 해야 한다, 알

았지?'

크리스틴 선생님의 목소리가 귓가를 떠돌았지만, 차마 연락을 하지는 못했다.

'선생님, 인사도 없이 떠나게 돼서 정말 죄송합니다. 언젠가, 언젠가 꼭 찾아뵐게요. 안녕.'

그렇게 피터의 학창시절은 막을 내렸다. 얼마 남지 않은 졸업식은 물론이고, 그를 아껴주던 크리스틴 선생님과 작별인사도 나누지 못한 채.

알렉스 경을 만나다

집을 나온 지 어느새 일주일이 흘렀다. 피터는 거리를 떠돌았다. 난생처음 경험하는 길거리 생활이었지만 시간이 지나면서 나름대로 익숙해져 크게 불편하지도 않았다.

'아침 일찍 일어날 필요도 없고, 지겨운 학교 따위 갈 필요도 없고, 작다고 놀리는 놈들이랑 싸울 필요도 없고, 술주정뱅이 아빠한테 맞을 필요도 없고…. 천국이 따로 없네, 뭐.'

피터는 스스로 노숙자 생활에 만족하려고 주문을 외우고 또 외웠다. 하지만 주문과 몸은 따로 놀았다.

'그나저나 먹고 잘 데만 있으면 좋겠는데…. 뉴욕이 이렇게

추웠나?'

 길거리 생활에서 가장 힘든 점은 온기를 쬘 곳이 없다는 것이었다. 게다가 얼마 후면 겨울이다. 피터는 곧 찾아올 뉴욕의 겨울을 대비하기 위해 집에서 들고 나온 돈으로 두툼한 옷가지와 이불을 샀다. 잠은 맨해튼의 펜 스테이션 같은 지하철역에서 해결했는데 좋은 자리는 대부분 임자가 있어 후미진 자리에 박스나, 〈뉴욕타임스〉, 〈뉴욕포스트〉 등의 신문지를 깔고 자야 했다.

 식사는 종교단체와 노숙자 쉼터를 전전하며 해결했다. 아침은 주로 5번가에 있는 세인트 토마스 교회에 가서 먹었다. 그곳에서는 아침 7시부터 한 시간 동안 커피와 베이글, 바나나와 시리얼 등을 나눠주었다. 그래서 교회 앞은 늦게 와서 생떼를 쓰는 노숙자들 때문에 언제나 시끌벅적했다. 이곳 역시 부지런하지 않으면 굶어야 하는 치열한 세계였다. 세상에 공짜는 없었다.

 점심은 토마스 교회 앞에 있는, 뉴욕에서 가장 큰 세인트 패트릭 성당에서 해결했다. 피터는 언젠가 엄마와 텔레비전에서 중계되던 패트릭 성당의 성탄 미사를 본 적이 있다. 파이프오르간이 7,300개나 된다는 설명을 듣고 엄마가 말했다.

 "피터, 다음 크리스마스에는 패트릭 성당 미사에 가볼까?"

 "와! 좋아요."

 둘은 손가락까지 걸며 약속했었다. 하지만 이젠 지킬 수 없는 약속이 되고 말았다.

점심을 해결한 후에는 첼시나 소호 거리를 배회하기도 하고, 센트럴파크에 가서 호수에 떠 있는 오리가 몇 마리나 되는지 세어보며 시간을 때우곤 했다. 해가 지면 미드타운에 있는 맨해튼 교회로 향했다.

노숙자에게 하루 일과 중 가장 중요한 것은 저녁식사였다. 아침, 점심은 걸러도 저녁만큼은 꼭 챙겨 먹어야 한다는 불문율이 있었다. 배가 고프면 잠이 안 오고, 그러면 잠자리가 더 불편하기 때문이다. 그래서 맨해튼 교회의 급식소는 언제나 붐볐다. 낮술에 취한 부랑자와, 귀가하며 공짜 저녁을 먹는 노동자들까지 모여들어 새치기가 난무하고 고성이 오가는 등 경쟁이 치열했다.

그렇게 숙식 문제는 조금씩 익숙해졌지만 다른 노숙자들과의 관계는 좀처럼 익숙해지지 않았다. 대부분 피터보다 나이가 많고, 말과 행동도 거칠었다. 한국 전쟁이나 베트남 전쟁에서 팔다리를 잃은 상이군인들도 있었고, 밤마다 술과 마약을 하는 이들도 적지 않았다.

"어이, 꼬맹이. 나랑 한잔할까? 키가 작다고 술도 못 마시는 건 아니겠지? 그런데 돈 좀 있어?"

"거기 난쟁이! 끝내주는 물건 있는데, 어때? 한 방에 천국행 열차를 탄다고!"

술과 마약 중독자들 때문에 피터는 경계를 늦추지 못했다. 담

요를 꼭 쥐고 자느라 깊게 잠들지도 못했다. 가출 청소년을 집으로 돌려보내는 경관이나 사회봉사단체 관계자들도 피해 다녀야 했으므로 늘 신경이 곤두서 있었다.

'부자가 되려고 집을 떠났는데 이게 무슨 꼴이람…. 이럴 게 아니라 본격적으로 일자리를 알아봐야겠다.'

피터는 집에서 가져온 돈이 바닥을 보이자 아르바이트 자리를 알아보기 시작했다. 맨 처음 찾은 곳은 맥도널드 매장이었다.

"아르바이트 자리를 구한다고? 매장에서 일해본 경험은 있나?"

매니저라고 자신을 소개한, 빅맥처럼 생긴 중년 남자의 질문에 피터는 고개를 저었다.

"없습니다. 하지만 가르쳐만 주시면 일은 잘할 수 있습니다."

"몇 살이지?"

"고, 고등학생입니다."

"응? 난 또 중학생이라고. 자네 키가 좀….''

"네. 조금 작습니다."

"아직은 졸업 시즌이 아니니까 졸업을 했을 리는 없고, 집은 어딘가?"

"그, 그게….''

피터가 말을 얼버무리자 매니저가 한심하다는 표정으로 말을 이었다.

"피터라고 했나? 내 얘기 잘 듣게. 첫째, 지금은 우리 매장에 아르바이트생이 필요치 않아. 가르쳐가면서까지 자네를 쓸 필요가 없다는 뜻이지. 둘째, 우리는 신원이 불확실한 사람을 뽑지 않아. 졸업장, 하다못해 교장 추천서라도 받아 오라는 뜻이지. 셋째… 어떻게, 계속해서 내 말을 듣고 있을 텐가?"

들으나 마나 키와 외모가 매장에 적합하지 않다는 핑계가 한도 끝도 없이 이어질 터였다. 피터는 조용히 자리에서 일어나 밖으로 나왔다. 그리고 골목으로 들어가 매장 유리창을 향해 돌을 집어 던지고는 재빨리 도망쳤다.

"저 자식 잡아!"

뒤에서 고래고래 고함을 치는 매니저를 향해 피터는 주먹을 휘두르며 약을 올렸다.

"잘 먹고 잘살아라, 이 뚱보 자식아!"

피터는 이후에도 일자리를 알아봤지만 결과는 비슷했다. 이유도 비슷했다. 고등학교 졸업장도 없이 일자리를 구한다는 것은 만만한 일이 아니었다. 몇 번의 고배를 마신 뒤 피터는 일자리를 구하는 게 결코 녹록한 일이 아님을 뼈저리게 절감했다.

'돈을 번다는 것, 스스로 일을 해서 먹고산다는 것이 이렇게 힘들 줄이야. 그나저나 오늘 밤은 어디서 자야 하지…?'

어느새 해가 지고 거리엔 어둠이 드리우고 있었다. 하늘을 찌를 듯 솟구친 빌딩숲과 휘황찬란하게 불을 밝힌 네온사인의 파도 속에서 피터는 몸을 잔뜩 웅크린 채 갈 곳을 찾아 헤매었다.

집에서 나온 지 얼마나 됐는지 날짜를 세는 것도 어느 순간 그만두었다. 오늘이 어제 같고, 내일이 오늘 같은 날이 지속될 뿐이었다. 날씨는 점점 추워지고 주머니는 가벼워지는데, 아직 일자리를 얻지 못했다. 다른 걸인들처럼 신호등 앞에 멈춰 선 차에 무작정 뛰어들어 유리창을 닦아주면서 구걸을 해보기도 했다. 하지만 뉴욕의 인심은 각박했다. 목이 좋은 신호등 앞은 대개 터줏대감들이 있었고, 그런 곳에선 폭력배들이 어린아이를 내보내 뒤에서 돈을 뜯곤 했다.

가끔 운 좋게 호텔이나 건물의 야간 청소를 하거나 편의점, 부둣가, 공사장 같은 곳에서 당일치기로 일을 하기는 했지만 고정적인 일자리는 구해지지 않았다. 날로 행색이 초라해지는 난쟁이 피터를 직원으로 쓰겠다는 사람은 어디에도 없었다. 날이 갈수록 피터는 점점 날카로워졌다.

"젠장, 뽑기 싫으면 그만이지. 왜 자꾸 키를 들먹이는 거야!"

"뭐야?"

"그래, 당신은 키가 커서 아주 좋겠어. 그 키로 평생 호텔 지하실에서 청소나 하셔."

"아니, 쪼그만 녀석이 성질 한번 더럽네. 너 같은 놈은 뉴욕에서 단 1달러도 벌지 못할 거다. 내가 장담하지."

화가 난 면접관도 피터에게 악담을 퍼부었다.

면접에서 또 떨어진 데 낙심한 피터는 길가의 쓰레기통을 걷어차며 성질을 부렸다.

"빌어먹을, 뉴욕이 지구상에서 제일 멋진 도시라고? 가진 놈들한테는 멋지겠지. 하지만 없는 사람들한테는 최악이라고."

일자리도 구하지 못한 채 센트럴파크 호숫가를 거닐며 시간을 때우던 어느 날이었다. 그날도 피터는 하릴없이 오리를 세고 있었다.

"한 마리, 두 마리, 세 마리… 쉰다섯, 쉰여섯…."

그때였다. 등 뒤에서 모르는 목소리가 들려왔다.

"자네도《호밀밭의 파수꾼》을 읽은 게로군."

슬쩍 쳐다보니 등이 굽고, 다리를 절며, 이마의 주름이 깊은 추레한 노숙자 노인이 자기를 내려다보고 있었다.

"퇴학을 당해 가출한 주인공 홀든이 '호수가 얼어붙는 겨울이 되면 오리 떼가 다 어디로 갈까'를 고민하지. 아마 홀든도 자네 또래였던 것 같은데, 아닌가?"

그제야 피터는 자신이 무의식적으로 오리를 세고 있었던 이유를 깨달았다. 은연중에 책의 내용을 흉내 냈던 것이다.

"존 레넌의 암살범이 가지고 있었다고 해서 화제가 된 책이기도 하지. 혹시 공원 저쪽에 존 레넌을 추모하는 스트로베리 필드가 있다는 것은 아나?"

"당장 빨간 사냥 모자라도 사야겠군요."

피터는 빈정거리며 그 정도는 안다는 투로 대답했다.

"오, 어울리겠군. 반갑네. 내 이름은 알렉스 러빈일세. 아직 나이도 어린데 왜 이런 생활을 하는 건가?"

"할아버지가 알아서 뭐하게요? 전 좀 바쁜 일이 있어서 이만."

피터는 일일이 대꾸하기가 귀찮아 자리에서 일어났다. 하지만 알렉스라는 늙은 노숙자의 말이 뒷덜미를 낚아챘다.

"하긴, 길바닥에서 자게 된 데에는 다 이유가 있겠지. 인간이란 다들 제 사연이 우주에서 가장 크고 힘들다고 얘기하니까. 그렇지 않나, 피터?"

발걸음을 옮기던 피터는 깜짝 놀라 멈춰 서고 말았다.

'내 이름을 어떻게 알지?'

피터는 다른 노숙자에게 자신의 이름을 밝힌 적이 없었다. 그런데 어떻게 알았을까? 당황스러운 얼굴로 되돌아서는 피터를 향해 노인이 웃으며 말했다.

"내가 자네 이름을 어떻게 아는지 궁금하지? 궁금하면 저녁에 브로드웨이에 있는 감리교회로 오게. 거기 저녁이 아주 훌륭하다네."

노인은 피터의 반응에는 관심도 없다는 듯 자기 할 말만 하고는 다리를 절며 가버렸다. 남겨진 것이라고는 황당해하는 피터와 노인의 웃음소리뿐이었다.

'내가 지금 여기서 뭘 하고 있는 거지? 처음 보는 노인네가 오란다고 진짜로 오다니…'

피터는 감리교회 앞에 서서 머뭇거렸다. 몇 번이나 되돌아가려고 했지만 발걸음이 떨어지지 않았다. 결국엔, 이곳에 오면 안 되는 이유도 딱히 없지 않느냐고 짐짓 핑계를 대며 아무 곳에나 적당히 걸터 앉았다.

그런 피터 앞으로 컬럼비아 대학교 후드 티셔츠를 입은 학생들이 계속해서 지나갔다. 책을 보면서 걷는 예쁜 여학생들도 있었고, 백팩을 메고 자전거 페달을 밟는 남학생들도 있었다. 그들을 보면서 우울한 기분이 들 때였다.

"부러운가?"

갑작스러운 목소리에 돌아보니 그 노인이 서 있었다.

"네? 아, 아뇨."

"그나저나, 자네. 고등학교는 왜 졸업하지 않는 건가?"

"그, 그건 또 어떻게…?"

노인은 피터에 대해 모든 것을 알고 있었다. 피터는 얼떨결에 아무 대답이나 해버렸다.

"그냥, 별 의미가 없어서요."

"해보지도 않았으면서 의미가 있는지 없는지를 어떻게 알 수 있겠나. 대학교 졸업장이 있어도 먹고살기 힘든 곳이 이곳 뉴욕일세. 나도 자네 나이 때 길거리 생활을 시작했는데, 여기까지 오게 될 줄은 꿈에도 생각하지 못했지."

보아하니 얘기가 길어질 것 같았다. 피터가 불쑥 물었다.

"저에 대해서 어떻게 알고 계신 거죠? 약속대로 여기 왔으니 대답을 해주세요."

"내 얘기 아직 안 끝났네. 어쨌든 뉴욕에만 오면 돈을 많이 벌 수 있을 줄 알았는데, 그렇지 않더라는 얘길 하던 중이었지."

고집 하면 져본 적이 없는 피터인지라 다시 대답을 요구하려고 입을 열었다. 하지만 노인의 말을 끊을 수가 없었다. 겉으로 보기에는 기력이 쇠한 평범한 노인네일 뿐인데도 어딘가 거역할 수 없는 힘이 있었다.

"원래 살던 곳은 텍사스였는데 스무 살이 되자마자 뉴욕으로 왔지. 그때가 엊그제 같은데 금세 꼬부랑 노인네가 되더군. 자네도 어영부영하다가는 내 꼴 난다네. 조심해야 해. 그럼, 따라오게."

노인은 피터의 질문에는 대답도 하지 않은 채 교회 안으로 성큼성큼 걸어 들어갔다. 그 순간이었다. 피터는 놀라운 광경을 목격했다. 노인을 만나는 사람 모두가 모자를 벗고 인사를 건네는 것이었다. 단순한 묵례 수준이 아니라 온몸으로 환영하는 모습들이었다.

"알렉스 경, 어서 오세요!"

"상당히 오랜만에 뵙네요, 알렉스 경."

눈에 띄는 사람들 모두가 깍듯하게 '경'이라는 호칭을 붙이는 것이었다. 피터는 작고 볼품없는 늙은 노숙자를 그렇게 부르는 사람들을 보며 어안이 벙벙했다. 그러나 믿기 힘든 일은 그것이 끝이 아니었다. 교회 안에 기적이 있었다. 그것도 피터 자신을 기다리는.

거리의 천사들

 피터는 두 눈을 의심하지 않을 수 없었다. 환하게 웃으며 그들을 맞는 10여 명의 자원봉사자 가운데 한 명이 눈에 들어왔다. 바로 크리스틴 선생님이었다.
 "알렉스 경, 고생 많으셨지요. 고맙습니다. 그리고 피터, 제시간에 잘 왔다. 일손이 부족하니까 먼저 밥부터 좀 담아라. 어서!"
 마치 어제 보고 오늘 또 보는 사람처럼 아무렇지도 않게 행동하는 크리스틴 선생님은 학교에서 보던 물렁물렁한 할머니가 아니었다. 엉거주춤 서 있는 피터를 다그치며 자원봉사자들을 진두지휘하는 모습에서 카리스마가 느껴졌다.

'선생님이 왜 여기 계시지?'

당황해 입도 벙긋 못하고 있는 피터를 향해 크리스틴 선생님이 싱긋 웃었다.

"바쁘니까 일하면서 인사 나눕시다. 여기는 미셸 로드리게스. 너랑 비슷한 또래고 너처럼 노숙자니까 친하게 지내도록 해."

"안녕? 반가워."

크리스틴 옆에 있던 여자아이가 반갑게 손을 흔들었다. 까무잡잡한 얼굴에 눈이 커다란 예쁜 소녀였다. 피터는 괜히 얼굴이 빨개졌다.

"여러분, 여기는 제가 종종 말씀드렸던 피터예요. 말썽꾸러기 피터 홀."

"어서 와요, 피터."

그렇게 차례대로 인사를 건네는 것도 잠시, 정신없는 급식 작업이 이어졌다. 한 명이 일회용 용기에 밥을 담으면, 다른 한 명이 그 옆에 불고기를 올리고, 그다음 사람은 가져가기 좋게 테이블에 내놓았다. 이 일이 쉴 새 없이 이어졌는데, 모두들 오랜 시간 함께해왔는지 손발이 척척 맞았다.

"뭐해? 인사 끝났으면 빨리 손을 놀려야지!"

그렇게 말하며 피터를 툭 친 것은 다름 아닌 미셸이었다. 초면에 다짜고짜 명령을 내리는 미셸은 얼핏 보기에도 당차고 괄괄한 성격 같았다. 피터는 투덜거리면서도 하는 수 없이 슬금슬금

배식 코너로 다가섰다.

"밥 배식이 제일 중요해. 많아도 안 되고, 적어도 안 되고. 알았지?"

미셀의 명령에 피터는 자원봉사 대열에 합류해 식기에 밥을 담기 시작했다. 피터의 생애 처음으로 누군가에게 도움을 주는 순간이었다.

"얘들아, 완벽했어! 오늘 급식은 정말 끝내줬다."

남은 음식도, 못 먹었다고 아쉬워하는 사람도 없는 완벽한 배식이었다. 피터 역시 노숙자들이 맛있게 음식을 먹는 모습을 보자 마음이 저절로 뿌듯해졌다.

"피터를 꼭 좀 찾아달라는 선생님의 부탁에 사실 걱정이 많았죠. 과연 키 작은 소년이라는 단서만으로 뉴욕에서 사람을 찾을 수 있을까 싶어서요. 그런데 우리 식구들이 금세 찾아내더라고요. 하하하."

봉사자들끼리 모여 앉은 때늦은 식사 자리에서 드디어 진실의 문이 열렸다.

'아, 선생님이….'

그제야 크리스틴 선생님이 그동안 계속해서 자신을 찾고 있었다는 사실을 알게 됐다. 눈물이 그렁그렁한 채 피터는 아무 말도 할 수 없었다.

"오늘 수고 많았다. 그건 그렇고, 그동안 어떻게 지냈는지 얘기 좀 해줄래?"

크리스틴 선생님이 교회 한쪽으로 피터를 잡아끌었다. 선생님의 얼굴에는 염려와 궁금함과 안쓰러움이 한꺼번에 담겨 있었다. 그 모습을 보자 피터는 더더욱 고개를 들 수가 없었다.

"인사도 못 드리고 떠나 죄, 죄송해요. 이런 모습 보여드리는 것도…."

선생님은 말을 잇지 못하는 피터를 꼭 끌어안았다.

"피터, 내가 얼마나 걱정했는지 아니? 너희 집에 찾아갔다가 옆집 분들한테 들었단다. 멀리는 가지 않았을 테고 틀림없이 뉴욕 어딘가에서 노숙자 생활을 하겠거니 하는 생각이 들더라. 그래서 서둘러 급식소 자원봉사를 신청했어. 여기에서 일하다 보면 언젠가는 만날 수 있을 거라 믿었지."

"죄송합니다. 괜히 저 때문에…."

자기를 찾기 위해 이 힘든 일을 시작했다는 말에 피터는 쥐구멍에라도 들어가고 싶은 심정이었다. 하지만 선생님은 고개를 저었다.

"아니야. 봉사활동을 하니 오히려 기분이 좋아지던걸. 미셸이

나 알렉스 경처럼 도움을 받아야 할 노숙자들이 남을 돕는 일에 앞장서는 걸 보면서 얼마나 반성했는지 아니? 그래서 노숙자 쉼터에서 도서관 사서로 재능기부도 하고 있단다. 피터, 내게 이런 기회를 만나게 해줘서 정말 고맙구나."

"자기도 노숙자면서… 다른 노숙자들을 돕는다고요?"

피터는 무슨 말인지 알아들을 수가 없었다. 당장 다음 끼니 걱정만도 큰일이던 자신을 생각해보면 그랬다.

"그래, 나도 놀랐어. 어려운 처지에도 자기보다 어려운 사람을 도우며 사는 사람들이 무척 많더구나. 특히 알렉스 경은 노숙자들의 인권을 위해 애쓰는 분으로 아주 유명해. 기업과 종교단체를 찾아다니며 후원을 받아서 뉴욕 곳곳에 무료급식소와 노숙자 쉼터를 만든 전설적인 인물이지. 그래서 다들 존칭을 붙이는 거란다. 어때, 멋지지 않니?"

피터는 저쪽에서 사람들에 둘러싸여 이야길 하고 있는 알렉스 경을 힐끔 쳐다보았다. 그러나 추레한 그 몰골은 다른 노숙자와 별반 차이도 없었다.

"피터도 오늘 바쁘게 움직이면서 많은 걸 느끼지 않았니?"

그러잖아도 피터는 오늘 적잖이 충격을 받은 터였다. 자신은 이제껏 급식소에서 얻어먹을 생각만 해왔다. 더 많이 주기를, 더 맛있기만을 바랐다. 자신의 입에 공짜로 들어가는 이 음식을 누가, 왜, 어떻게 나눠주는지에 대해서는 생각조차 해본 적이 없었다.

하지만 피터 입에서는 여전히 고운 말이 나오지 않았다.

"모르겠어요. 자기 앞가림도 못하면서 남을 돕는다는 게 이해가 가질 않아요. 괜히 잘난 척하는 것 같기도 하고…. 봉사는 돈과 시간이 남는 사람들이나 하는 거 아닌가요? 누군가를 도울 정도가 되는 사람이 노숙자로 산다는 것도 웃기는 일이고요."

"능력이 있을 때 남을 돕는 건 누구나 할 수 있어. 그건 아주 쉽지. 하지만 능력이 되지 않으면서도 남을 도우려고 애쓰는 마음, 그게 중요한 거야. 피터, 그러니까 너도…."

묵묵히 듣고 있던 피터가 번쩍 고개를 들었다.

"남을 위해 살면 어떻게 되는데요? 자기 자신을 위해서도 제대로 살지 못하는데 어떻게 남을 돕는다는 거예요? 불쌍한 우리 엄마는 술주정뱅이 남편을 위해서, 난쟁이 아들을 위해서 평생을 살았어요. 하지만 돌아온 게 뭔가요? 행복해졌나요? 단 1분이라도 말예요. 끔찍한 고통을 느끼며 죽은 것밖에 없잖아요. 그런데 저더러 남을 위해서 살라고요? 저는 그렇게 살지 않겠어요. 저 자신만을 위해 살겠어요!"

선생님은 피터의 가슴속에 응어리진 분노가 전혀 풀리지 않았음을 느꼈다.

"휴, 그 얘긴 차차 하기로 하자. 앞으로 어떻게 할 거니? 돈을 많이 벌고 싶다고 했잖아. 지금처럼 살면 부자가 될 수 있겠니?"

"…."

피터는 대답할 말이 없었다. 고개 숙인 그의 눈에 때가 찌든 바지와 밑창이 너덜너덜한 운동화가 보였다. 부자는커녕 굶어 죽을 것을 걱정해야 할 판이었다.

"피터, 내일부터 노숙자 쉼터로 나오렴. 학교로 돌아가자는 말은 하지 않을 테니 예전처럼 책도 읽고 얘기도 나누고 그러자. 그리고 차근차근 고졸 학력 인증(GED) 시험도 준비하자. 너 정도면 충분히 합격할 수 있을 거야. 알겠니, 피터? 그렇게 할 거지?"

고개를 들지 않는 피터를 보며 선생님이 말을 이었다.

"너 지금 속으로 '대학에 갈 것도 아닌데 뭐하러 졸업장을 따요?'라고 말하고 있지? 네가 대학을 가건 가지 않건 그건 나중 문제야. 하지만 적어도 고등학교 졸업장은 따도록 하자. 한때 너를 가르쳤던 선생님으로서 도저히 용납이 안 되는구나. 너처럼 똑똑한 아이가 고등학교도 나오지 않은 채 거리에서 먹고 자는 모습을 차마 볼 수 없단 말이다. 엄마가 살아 계셨으면 '우리 피터, 참 잘하고 있다. 대견하다' 그러시겠니? 자이언트 피터라고 하시겠느냐고. 너 혹시 네 엄마와 아빠의 차이점에 대해서 생각해봤니?"

"선생님, 저한테 왜 이러시는 거예요. 제발 그냥 좀 내버려두세요."

선생님이 부모님 이야기를 꺼내는 순간, 피터는 눈앞이 까맣게 변하는 기분이었다. 엄마도, 아빠도 피터에게는 지울 수 없는 아픈 상처일 뿐이었다. 하지만 선생님은 끈질겼다.

"피터, 지금 네 상황이 힘들다는 건 잘 알아. 그러나 그건 네 앞에 놓인 하나의 길에 불과해. 험난한 자갈길이라고 해서 그 길을 안 걸을 거니? 주저앉을 거야? 그것이 네 길이라면 어떻게든 가야 하잖아. 그리고 이왕 걸어야 한다면 기분 좋게 걷는 게 낫지 않겠니? 선생님이 네 옆에서 함께 걸어줄게. 그래도 안 되겠니?"

"대학 말씀인가요? 선생님도 결국엔 똑같은 말씀을 하시는 거네요. 대학을 나와야 돈을 많이 번다는 얘기 말이에요. 전 지금부터 벌겠어요. 대학 따위는 나오지 않아도 충분히 돈을 벌 수 있어요. 수단과 방법을 가리지 않고 악착같이 돈을 벌 거라고요!"

말은 그렇게 했지만 피터의 속마음까지 그런 것은 아니었다. 화가 났지만, 솔직히 말하면 한없이 부끄러웠다. 부끄러워서 화가 났고, 화가 나서 자신이 미워졌다.

"가슴 아픈 말이지만, 해야겠구나. 피터, 당장 네 모습을 봐. 그 모습에서 어떻게 벗어날 거니? 큰소리만 탕탕 치면서 계속 그렇게 살아갈 거니? 남은 인생 내내 끼니 걱정이나 하면서 그렇게 살 거냐고. 언제까지 그렇게 네 키처럼 작게만 살 거니?"

선생님은 격앙된 감정을 누르느라 잠시 숨을 골랐다. 이윽고 조금은 차분해진 목소리로 말을 이었다.

"그래, 피터. 너나 나나 키가 작아. 그래서 뭐? 그게 네 잘못이니? 1인치, 1피트라는 숫자가 그렇게 중요해? 네 꿈이 6피트까지 크는 것이라고 했지? 그렇게 되면 정말 행복해질까? 만일 7피트까지 자란다면 더 많이 행복해질까?"

"상관하지 마세요. 저는 이미 이렇게 태어났고, 이런 인생을 살게 되어 있어요. 가진 돈도 없고, 못생기고, 돌봐줄 부모도 없는 놈이 뭘 어쩌라고요? 이게 다 날 때부터 정해진 제 몫이라고요."

피터는 도망치듯 등을 돌렸다. 하지만 선생님은 쉽게 포기하지 않았다.

"사람이 살아가는 일을 놓고 운명이라는 말도 하고 숙명이라는 말도 한단다. 숙명은 정해진 것이지만 운명은 바꿀 수가 있어. 네 작은 키는 너 자신이 어쩔 수 없는 숙명이지만, 노숙자로 사는 것은 숙명이 아니야. 노력하면 충분히 벗어날 수 있는 운명이라고. 듣고 있니? 네 아버지가 살았던 삶이 바로 운명에 패배한 삶이야. 너도 그렇게 살 거야?"

"그만, 그만하라고요!"

피터는 눈물이 앞을 가려 보이지도 않는 길을 무작정 내달렸다.

"피터! 힘들 때면 언제라도 쉼터로 찾아오렴. 알겠니? 선생님은 언제까지고 널 기다릴 거야."

선생님의 목소리가 뒷덜미를 붙잡았지만 피터는 달리고 또 달렸다.

'아, 이런 바보 같은 자식! 그렇게 말하려던 게 아니었는데….'

피터는 자책하고 또 자책하며 걷고 또 걸었다. 크리스틴 선생님을 얼마나 그리워했던가. 그런데도 그렇게 못된 소리만 지껄이고 도망쳐 오다니, 자신이 미워 견딜 수가 없었다.

정처 없는 발걸음은 새벽까지 계속됐다. 어느새 어두운 하늘 저 멀리서 희부옇게 동이 터오고 있었다. 이른 시각임에도 잠에서 깨어 바쁘게 움직이는 사람이 많았다. 서둘러 집에서 나와 일터로 향하는 그들은 앞만 보고 걸었다. 낙오되지 않기 위해, 남에게 지지 않기 위해, 살아남기 위해 열심히 걷고 있었다.

얼마 지나지 않아 피터는 출근길 인파에 떠밀리는 지경이 되었다. 하지만 그 군중 속에서 피터는 이방인일 뿐이었다. 그에게는 목적지가 없었다. 걸어야 할 어떤 목적도 없었다.

주르륵. 이유도 없이 눈물이 흘렀다. 아니, 이유는 명확했다. 자신에게 이런 삶을 선물한 것이 일찍 세상을 떠난 엄마도, 술에 취해 삶을 망친 아버지도 아니고 자기 자신이라는 사실을 깨달은 것이다.

　걷다 보니 어느 틈엔가 주위가 밝아졌다. 피터는 막 떠오르는 해를 보며 흐르는 눈물을 닦았다.

뉴욕의 난쟁이 택시운전사

　뉴욕의 택시는 뉴욕의 명물로 통하는데 노란색 외관 때문에 옐로우 캡이란 별명을 얻었다. 하지만 귀여운 애칭과 달리 옐로우 캡은 난폭 운전의 대명사였다. 교통 체증이 심각해 잠깐만 길이 뚫려도 최대한 속도를 내야 했고, 길이 막히면 막히는 대로 얌체 운전을 해야만 하기 때문이다. 그러다 보니 친절하고 점잖게 운전한다는 건 불가능에 가까웠다.
　피터가 택시 운전 일을 하게 된 것은 우연한 만남 때문이었다. 그날도 면접에서 떨어진 피터는 하릴없이 길가에 앉아 있었다. 그때 피터 앞에 택시 한 대가 정차했고, 마틴이라고 자신을 소개한 운전기사와 이야길 나누게 됐다. 그러던 중 피터가 일자리를 찾고 있다는 말을 했다.

"사정이 딱한 것 같으니 내가 힘을 좀 써줄 수도 있는데…, 쿵쿵."

비염이 심한지 말끝마다 '쿵쿵' 소리를 내는 그 남자는 자기가 다니는 택시 회사에 취직이 되도록 얘기해줄 수 있다고 했다. 피터는 정신이 번쩍 들었다. 마틴과의 만남은 오갈 데 없는 자신을 위해 하늘이 내려준 동아줄 같았다.

"그런데 고등학교 졸업장도 없고 신원도 불확실하니 쉽지가 않아, 쿵쿵. 물론 돈이 좀 있으면 되겠지만…."

"아, 당장은 돈이 없는데… 취직한 뒤에 벌어서 차근차근 갚으면 안 될까요?"

"뭐 그런 방법도 있기는 한데…. 그런데 키가 얼마라고? 그렇게 작아서 브레이크를 밟을 수 있겠냐?"

"5피트는 넘습니다. 운전면허도 한 번에 땄어요!"

피터는 간절한 목소리로 대답하며 입술을 악물었다. 이번에도 직장을 잡지 못하면 큰일이었기에 키를 갖고 놀려도 꾹 참았다.

'여기서 또 도망칠 수는 없어. 아무리 힘든 일이 있어도 버틸 거야.'

"쿵쿵, 괜히 뽑았다가 힘들다고 도망치면 나만 손해라고. 산전수전 공중전까지 다 겪은 베테랑들도 버티기 힘든 게 뉴욕의 택시 운전이야."

그중에서도 마틴이 다니는 택시 회사 옐로우 캡의 기사들은 하루에 12시간씩 일했다. 교대 시각은 오전 4시와 오후 4시. 중간에 식사를 하고, 화장실도 가고, 잠깐 쉰다고 해도 하루 평균 10시간 이상 일을 해야 했다. 그래서 모두들 회사를 '헬로 킬'이라고 불렀다.

"할 수 있습니다. 힘들더라도 이를 악물고 버티겠습니다. 약속합니다."

다급하게 말하는 피터를 보고 마틴이 싱긋 웃으며 고개를 끄덕였다.

"좋아, 내 특별히 힘을 써주지. 그럼 내일 옐로우 캡으로 나와. 대신, 나는 누가 나를 건드리면 그냥 넘어가지 않는 사람이야. 그 점을 꼭 명심해!"

"감사합니다. 정말 감사합니다!"

이튿날 피터는 브루클린 윌리엄스버그에 있는 옐로우 캡이라는 택시 회사를 찾아갔다. 마틴의 말대로 수월하게 취직이 되었다.

'숙명은 어쩔 수가 없지만 운명은 바꿀 수 있다. 노력해서 개척하라!'

피터는 크리스틴 선생님의 충고를 기억하며 힘을 냈다. 운전기사란 키가 작아도 할 수 있는, 남들 앞에서 작은 키를 보여주지 않아도 되는 직업이었다. 피터로서는 천만다행이었다. 하지만 운명이 친절을 베풀 때는 늘 다른 것도 요구하는 법이다.

알고 보니 마틴은 옐로우 캡의 사장이 각별히 아끼는 회사의 실세였다. 그래서인지 권력을 등에 업고 안하무인으로 사람을 대했고, 자신에게 잘못 보인 직원은 당장 회사를 그만두게 하는 무소불위의 힘을 가지고 있었다. 마틴이 그런 힘을 부릴 수 있는 것은 바로 검은 뒷거래 때문이었다.

피터가 수습을 마치던 날, 마틴이 본색을 드러냈다.

"널 취직시켜주느라 내 돈 5,000달러가 들었다는 건 알지? 매달 월급에서 공제할 테니 그리 알고, 킁킁. 별도로 매달 한 번씩 록펠러센터 지하로 200달러씩 가지고 나와. 그냥 네가 받은 팁 중에서 일부를 세금으로 낸다고 생각하면 돼. 세금이 뭔지는 알지? 내가 너를 지켜주는 대가에 비하면 200달러는 돈도 아니지. 억울하게 생각하지는 마. 알아들었지?"

"아니, 그래도 그건…."

"다시 길거리에서 구걸하면서 살고 싶은 거냐? 킁킁. 이 자식이 키도 작고 불쌍해서 봐줬더니 기어오르네? 니, 내 말 한마디면 바로 아웃이야. 그냥 잘리는 거라고!"

알고 보니 돈을 뜯기는 것은 피터만이 아니었다. 다른 기사들도 매달 일정 금액을 상납했고, 마틴은 이를 모아서 사장에게 바치고 있었다. 이는 옐로우 캡의 오래된 악습이었다. 크리스마스처럼 관광객이 많은 시즌에는 상납금이 두 배로 늘어났는데, 그렇게 갈취하는 돈이 1년에 1인당 3,000달러를 넘었다. 기사가 200명이 넘으니 1년에 갈취하는 돈이 어림잡아 60만 달러라는 얘기였다. 사장이 몰상식한 마틴을 아끼는 데에는 다 그럴 만한 이유가 있었던 것이다. 그게 세상이었다.

"야, 이 자식아! 어디서 함부로 끼어들어!"

빵빵, 요란한 경적과 함께 옐로우 캡 택시가 자신을 추월한 승용차를 쫓아갔다. 그러고는 옆을 들이받기라도 할 듯 바짝 붙어 욕을 퍼부었다. 그 서슬에 승용차는 슬금슬금 뒤로 처지기 시작했다.

"짜식, 간도 콩알만 한 게 끼어들긴. 킥킥킥."

위협 운전으로 승용차를 따돌린 피터는 웃음을 터뜨렸다.

피터도 처음에는 안전 운전을 하려고 노력했다. 그러나 좋아해야 할 승객들이 오히려 화를 냈다. 약속에 늦었다고 불평을 하며 팁을 적게 주기도 했다. 결국 나만 손해라는 걸 깨달은 뒤부터 피터는 다른 기사들처럼 거칠어졌다. 몸이 힘들거나 마틴이 괴롭히기라도 한 날은 더욱더 난폭해졌다. 끼어드는 차가 있으면 신경질적으로 경적을 울리고 삿대질을 했다. 분노조절장애가

재발한 것이다.

"오호, 관광객인 것 같군. 잘하면 팁 좀 두둑하게 받겠는데?"

빈 택시로 거리를 떠돌던 피터는 34번가에서 택시를 기다리던 동양인 승객 둘을 태웠다. 그런데 뒷자리에 탄 승객들이 쉴 새 없이 떠드는 통에 귀가 먹먹할 지경이었다.

"자식들, 되게 시끄럽네. 관광객이면 조용히 관광이나 할 것이지, 뭘 저렇게 떠들어대는 거야?"

피터는 뒷좌석의 소란에 혼잣말로 욕을 했다. 자유의 여신상이 보이는 배터리파크가 목적지였는데, 하필이면 가장 막히는 시간대였다.

"젠장, 마늘 냄새가 진동을 하잖아. 재수 옴 붙었어."

피터가 투덜거릴 때였다. 기사와 승객 사이를 나누는 투명 칸막이를 두드리며 승객이 유창한 영어로 말을 걸어왔다.

"이봐요! 말씀이 너무 지나치지 않나요? 동양인이라고 무조건 영어를 못할 거라고 착각하시나 본데, 저는 뉴욕에서 공부하는 학생이거든요. 설사 못 알아들어도 그렇지. 손님한테 그렇게 막말을 하시면 곤란하죠. 지금 당장 내려주세요. 그리고 재수에 옴 붙으셨다니 팁은 못 받으시겠네요."

"아…, 미안합니다. 저기, 그래도, 팁은 좀….”

깜짝 놀란 피터가 말을 얼버무리면서 팁을 달라고 하자 승객이 코웃음을 쳤다.

"저는 컬럼비아 대학교 로스쿨 학생이에요. 갑자기 당신 회사와 당신을 고소해야겠다는 생각이 드네요. 제가 아까 심한 모욕감을 느꼈거든요. 난폭 운전으로 생명의 위협도 느꼈고요. 어떻게 하실래요? 택시비만 받고 지금 차를 세우시겠어요? 아니면 고작 팁 몇 푼 때문에 법정에서 다시 만나실래요? 후자라면 아마도 꽤 비싼 변호사를 선임하셔야 할 것 같은데요."

피터는 꼼짝없이 차를 세워야만 했다. 할 말이 없었다. 부끄러웠고, 그 부끄러움에 화가 났다. 화를 제어하지 못하는 자신의 성격에 또다시 화가 났다.

"이런 젠장! 이런 젠장!"

소나기가 퍼붓는 이른 저녁이었다. 마틴에게 뇌물을 상납한 참이라 짜증이 난 피터의 눈에 맨해튼 34번가 앞에서 택시를 기다리는 한 남자가 보였다. 남자는 목발을 짚고 큰 배낭을 메고 있었다. 갑자기 비를 만났는지 온몸이 흠뻑 젖어 있었다.

피터는 순간적으로 망설였다. 차에서 내려 문을 열어주고, 목발에 배낭까지 챙겨주고, 트렁크에 짐까지 실어줘야 하는 귀찮은 승객이었기 때문이다. 하지만 오늘은 종일 일이 너무 없었다. 결국 피터는 택시를 세우고 남자를 부축해서 태운 다음 배낭과 목발을 트렁크에 실었다. 그러는 사이 피터는 흠뻑 젖고 말았다. 출발하기 전부터 부아가 치밀었다.

"죄송합니다. 괜히 저 때문에 비를 다 맞으시고."

"어디로 가십니까?"

"할렘 125번가로 부탁합니다."

"네."

피터는 퉁명스럽게 대답하고는 택시를 출발시켰다. 하지만 목발의 남자는 엄청난 수다쟁이였다. 차가 출발하자마자 묻지도 않은 자신의 얘기를 줄줄이 읊어대기 시작했다.

"제가 어렸을 때 소아마비를 앓았습니다. 하지만 웬만한 건 혼자 하려고 노력합니다. 편하긴 하지만 자꾸 의존하게 돼서 말이죠. 그 덕에 이 다리를 가지고도 대학도 다니고, 결혼도 하고, 예쁜 딸도 낳았습니다. 운동도 곧잘 하죠. 이래 봬도 제가 대학 다닐 때 장애인 농구팀에서 뛰었어요. 휠체어를 타고 농구하는 재미가 아주 끝내주죠. 전국 대학생 장애인 농구대회에서 준우승까지 했었습니다. 하하하."

피터는 룸미러로 남자를 힐끔 쳐다보았다. 자신은 키 때문에 포기했는데 남자는 그 몸으로 농구선수로 뛰었다니 의아한 생각이 들었던 것이다.

"대단하시네요. 저도 농구 좋아합니다. 어릴 때 꿈이 뉴욕 닉스의 가드였죠. 농구가 키 크는 운동이라고 해서 어머니가 열심히 시키셨거든요. 그런데 그만 크다가 말았습니다."

"아, 그러셨군요. 참 훌륭한 어머니를 두셨네요."

"지금은 이 세상에 안 계십니다."

"아, 미안하게 됐습니다. 그런 줄도 모르고…."

"괜찮습니다."

피터는 자신이 낯선 손님과 이야기를 나누고 있는 모습을 발견하고 놀랐다.

역시 비 오는 날의 뉴욕다웠다. 거리는 주차장을 방불케 했고, 피터의 분노조절장치가 서서히 흔들리기 시작했다.

"그런데 이렇게 궂은 날 할렘에는 무슨 일로 가십니까?"

"저는 맨해튼 34번가에서 작은 개인병원을 운영하고 있습니다. 소아과 전문이죠. 일주일에 두 번씩 할렘에 가서 봉사활동을 해요. 주중에는 퇴근 후에 저 혼자 가고, 주말에는 우리 병원 간호사들과 함께 가죠. 오늘은 저 혼자 가는 날이에요. 할렘에는 가난하고 어려운 사람들이 많잖아요. 그분들은 아이가 아파도 병원에 데려가지 못하니 이렇게 제가 가는 거지요."

'그 몸으로 누가 누굴 돕는다는 거야?'

피터는 남자의 말에 콧방귀를 뀌었다. 할렘은 맨해튼 북부에 자리한 유명한 슬럼가였다.

"남을 돕는 일, 귀찮지 않습니까? 돈을 버는 일도 아닌데 말이죠. 자기 앞가림할 시간도 부족한데 몸만 피곤한 일 아닌가요?"

피터의 질문에 남자가 웃으며 고개를 저었다.

"누군가를 도울 때 느끼는 기쁨은 경험해보지 않으면 알 수 없어요. 아파서 죽겠다던 아이가 치료를 받고 웃는 모습을 보면 피곤이 싹 가신답니다. 그리고 제가 지금까지 받았던 도움에 비하면 이건 아무것도 아니죠. 사실 봉사는 매우 이기적인 행동입니다. 어느 날 내가 어려움에 처했는데 누군가 도와주지 않는다면 얼마나 슬프겠어요? 누구나 운이 나쁘면 사고를 당할 수 있지 않습니까? 그러니 봉사란 미리 들어두는 적금이라고 할까요? 내가 지금은 누군가를 돕지만 언젠가 내 가족이 도움을 받을지도 모른다, 그런 적금 말이죠."

창밖을 바라보며 흐뭇한 미소를 짓던 남자는 자세를 한 번 고치더니 수다를 이어갔다.

"행복은 얼마나 많은 것을 소유하고 누리며 사느냐에 있는 게 아니라, 작은 것이라도 서로 나누며 사랑하는 마음에 있다고 생각해요. 끊임없이 많은 것을 소유하려고 욕심부릴 때 세상은 한없이 불공평해 보이죠. 왜냐하면 더 많이 가진 사람이 분명 존재하니까요. 하지만 내 것을 먼저 나누고, 이웃을 더 많이 사랑하면 세상은 공평하게 보입니다. 어디에 목적을 두고 살아가느냐에 따라 우리 인생이 달라질 수 있다는 얘기죠."

갑자기 앞으로 끼어든 차 때문이었을까. 아니면 남자의 말 때문이었을까. 결국 참았던 분노가 터지고 말았다. 피터는 창문을 내리고 앞을 가로막은 차에 경적을 울려댔다.

"어디서 끼어들어? 죽고 싶어 환장했어?"

피터는 흠칫 놀라는 남자를 보며 화가 채 가시지 않은 목소리로 물었다.

"선생님은 그래서 지금 행복하다는 겁니까? 다리를 절어도 행복해요? 저는 이 작은 키 때문에 어릴 때부터 불행했고, 지금도 그렇습니다. 세상이 공평하다고요? 도대체 누가 그럽디까?"

의사는 따지듯이 묻는 피터를 향해 천천히 대답했다.

"누구에게나 아픔과 시련이 있죠. 행복과 기쁨만 넘쳐나는 완벽한 인생이 있겠습니까? 어쩌면 고난과 역경을 하나씩 극복하는 과정이 바로 진정한 인생인지도 모릅니다. 저라고 뭐, 멋지게 점프해서 덩크슛을 해보고 싶은 마음이 왜 없겠습니까. 그러나 부질없죠."

아직도 씩씩거리고 있는 피터를 한번 보고 나서 의사는 말을 이었다.

"하지만 현실을 받아들이면서 긍정적인 면을 보고 더 나은 운명을 개척하고자 노력해왔지요. 그러면 그 순간부터 행복이 시작되는 것 같아요."

피터는 기분이 좋지 않았다. '당신은 의사니까, 이미 가진 게 많으니까 그런 말을 할 수 있는 거야'라고 쏘아주고 싶었다. 하지만 그럴 수 없었다. 남자의 얼굴에서 자신을 한없이 걱정하던, 엄마의 얼굴이, 크리스틴 선생님의 얼굴이 보였기 때문이다.

"저는 제 다리가 부끄럽거나 불편하지 않아요. 기사님도 키가 작다고 못 하시는 게 뭡니까? 이렇게 운전도 잘하시고, 친절하신데요. 아까 제 앞으로 빈 택시가 몇 대나 지나갔는지 모르시죠? 기사님이 제 앞에 차를 세웠을 때 제가 속으로 얼마나 고마워했는지도 모르실 거고요. 이렇게 다른 사람을 생각하는 마음이 있으니, 그러면 된 거 아닙니까?"

어느새 택시는 할렘 125번가로 접어들었다. 빗줄기도 잦아들었다. 어둡고 습한 할렘가에는 행색이 조라한 사람들이 오가고 있었다.

"이런, 벌써 도착했군요. 비까지 맞으면서 친절을 베풀어주셔서 대단히 감사합니다. 저…, 혹시 책을 좋아하신다면 《행복은 어디에서 오는가?》라는 책을 읽어보세요. 하버드대학교 로스쿨의 윌리엄 프랭크 교수가 쓴 건데 아마 많은 도움이 될 겁니다. 아, 그리고 제가 초면에 말이 좀 많았죠. 왜 그랬는지 아세요? 행복은 이렇게도 전파되더라고요. 마치 바이러스처럼, 처음 만난 사람한테 감염되기도 하더군요. 굿 럭! 당신에게도 큰 행운이 있기를 빕니다!"

피터는 절뚝거리면서 사라져가는 남자의 뒷모습을 물끄러미 바라보았다. 가슴속에서 뜨거운 무언가가 울컥 솟구치는 느낌이었다. 갑자기 코끝이 시큰해졌다. 피터는 운전대에 머리를 파묻었다.

이길 때까지 싸우면 이긴다

택시를 몰기 시작한 지도 어느덧 1년 가까이 되어가고 있었다. 그동안 피터는 별의별 일을 다 경험했다. 힘든 일을 겪을 때마다 피터는 엄마의 따뜻한 품이 떠올라 남몰래 눈물을 훔치곤 했다. 그리고 자기를 걱정해주는 크리스틴 선생님도 보고 싶었다. 앤서니 고등학교 근처에 손님을 내려준 날은 한참을 떠나지 못하고 서성이기도 했다.

'선생님은 잘 계실까…. 지금은 찾아뵙지 못하겠어요. 대신 성공해서, 꼭 성공해서 선생님 앞에 당당하게 설게요. 꼭!'

보고 싶은 마음이 굴뚝같았지만 피터는 발걸음을 돌릴 수밖에 없었다.

하루 운행을 마치고 회사로 돌아온 어느 날, 피터는 회사 분위기가 어딘지 평소와 다르다는 것을 느꼈다.

"아저씨, 무슨 일 있어요? 오늘 분위기가 좀 이상한데요?"

피터는 휴게실에 삼삼오오 모여 있는 동료들 속에서 가브리엘을 찾아 물었다. 가브리엘은 오갈 데 없는 피터에게 아주 싼 월세로 방 한 칸을 내준 고마운 사람이다. 사람들이 그를 성서에 나오는 '대천사 가브리엘'이라 부르는 것도 너무나 당연하다고 여겨질 만큼 마음씨가 좋았다. 물론 그 때문에 회사에선 정리해고 일순위로 꼽는 인물이기도 하다.

"뉴욕의 택시 기사 중에서 팁을 가장 적게 받는 사람을 꼽으라면, 단연코 가브리엘 아저씨가 1등일 거예요."

피터가 답답한 마음에 운전할 때 요령 좀 부리라고 말해도 가브리엘은 너털웃음을 터뜨리며 이렇게 말하곤 했다.

"안 돼, 지킬 건 지켜야 해. 불법 유턴 금지, 신호 위반 금지. 그것 때문에 팁을 못 받더라도 말이야, 하하하!"

그런 가브리엘도 그날만큼은 심각한 얼굴이었다. 가브리엘이 피터에게 노조에서 만든 유인물을 보여주었다.

"곧 파업이 있을 모양이야. 노조 집행부에서 그렇게 결정했대."

3년간 동결된 임금 15퍼센트 즉각 인상하라!
하루 12시간 2교대 근무를 8시간 3교대 근무로 전환하라!

실제로 다른 회사는 3년 동안 임금이 조금씩이나마 꾸준히 올랐다. 8시간 3교대로 일하는 곳도 많았다. 하지만 옐로우 캡 직원들만 계속해서 부당한 대우를 받고 있었다.

"협상이 잘 되지 않으면 전면적으로 운행을 중단할 수도 있어."

"그럼 월급을 못 받게 되나요?"

"노조와 회사 측이 어떻게 타협하느냐에 달려 있지."

"빌어먹을!"

피터는 파업이 어떻게 이루어지고, 노조와 회사가 어떻게 타협을 하는지에 대해선 깜깜했다. 하지만 일이 쉽게 해결될 것 같지 않다는 느낌은 확실했다.

불길한 예감은 금세 현실이 되었다. 노조의 갑작스러운 발표가 있었다.

내일부터 옐로우 캡 전면 파업 돌입!
노조원은 오전 7시까지 전원 회사로 집합!

다음 날 아침 회사 앞 주차장은 기사와 정비사, 사무실 직원들로 가득했다. 노조위원장 맥킨리가 연단에 올라 마이크를 잡았다.

"안녕하십니까? 노조위원장입니다. 잘 아시다시피 살인적인 노동 조건으로 우리 노조원들의 건강이 급속도로 악화되고 있습니다. 집행부에서는 지난 3년 동안 동결된 임금을 현실에 맞게 인상하고, 일일 3교대 8시간 근무라는 요구 사항을 관철하기 위해 파업을 결정했습니다. 리처드 콜 사장은 회사 경영이 어렵다는 이유로 지난 3년간 월급을 한 푼도 올려주지 않았습니다. 하지만 이는 속임수에 불과합니다. 사장의 재산은 계속해서 늘어나고 있습니다. 가족 명의로 된 부동산만 해도 수년 새 두 배가 되었습니다. 더욱이 최고급 스포츠카를 두 대나 몰고 다니고, 개인 요트를 타고 해외여행까지 즐기고 있습니다. 이게 경영이 어렵다는 회사의 대표가 할 일입니까? 이제 더는 참을 수가 없습니다. 요구가 받아들여지지 않을 경우 우리는 무기한 파업 투쟁을 벌여나갈 것을 선언하는 바입니다. 노조원 여러분, 우리의 투쟁이 성공할 때까지 절대 물러서지 맙시다!"

"옳소! 이제는 우리도 못 참아!"

"맞아! 힘을 제대로 보여주자고!"

맥킨리의 힘찬 연설이 끝나자 우레와 같은 박수와 함성이 터져 나왔다. 곧바로 옐로우 캡의 모든 택시가 운행을 중지하고 전면 파업에 돌입했다.

파업은 일주일째 계속됐다. 회사 앞은 회사와 사장을 성토하는 각종 피켓으로 넘쳐났다. 파업이 길어지면서 지역 신문과 방송에서도 취재를 나왔다. 하지만 회사에서는 묵묵부답이었다. 리처드 콜 사장은 꿈쩍도 하지 않았고, 회사 재정이 좋지 않아 노조의 요구를 들어줄 수 없다는 주장만 되풀이했다. 겨우 내놓은 타협안이라는 것이 임금 5퍼센트 인상과 정기휴가를 하루 더 주겠다는 정도였다. 노조는 이를 수용하지 않았다.

피터는 젊다는 이유로 시위대와 함께 매일 밤을 지새워야 했는데, 노숙자 생활에 익숙했던 터라 크게 힘들지는 않았다. 그러던 어느 날 새벽이었다. 꾸벅꾸벅 졸고 있는 피터의 등을 누군가 살그머니 두드렸다.

"쉿! 조용히 하고, 쿵쿵. 나 좀 보자."

사장의 심복 마틴이었다. 파업이 시작된 후 회사 안에서 볼 수 없었던 그가 나타난 것이다.

"왜 그러시죠?"

매점 뒤로 피터를 불러낸 마틴은 마치 굉장한 비밀을 들려주듯이 목소리를 낮췄다.

"너 언제까지 이러고 있을 거야? 쿵쿵. 월급 안 받아도 살 수 있어? 그래서 말인데, 회사에서는 내일부터 택시 운행을 시작할 거야. 사장님이 운행에 동참하는 직원들에게는 월급을 10퍼센트 올려주고 연말에 특별 보너스도 지급하기로 결정하셨어. 게다가 휴가도 하루씩 더 주신대. 어때, 엄청나게 파격적인 조건이지? 나나 되니까 너한테 이런 정보를 주는 거야. 맥킨리 자식은 곧

구속될 거야. 그럼 노조는 와르르 무너진다고. 그러니까 얼른 발을 빼야 해, 알지?"

악마의 달콤한 속삭임이었다. 피터는 마틴이 이런 식으로 노조원들을 한 명 한 명 구슬리고 있다는 것을 알았다.

"여기 서명하고 내일 아침 9시까지 저쪽 공원 주차장으로 오면 돼. 특별히 상태가 좋은 차로 배정해줄게. 자, 얼른 서명해!"

마틴이 종이 한 장을 내밀었다. 노조에서 탈퇴하겠다는 내용이 담긴 각서였다.

"싫습니다."

"뭐라고? 너 미쳤냐? 쿵쿵. 네가 이런 파업에 대해 뭘 안다고 그래. 불온한 노조에 이용만 당하는 거라니까?"

"사장님이 정말 회사를 생각하고 직원들을 염려한다면 노조의 요구를 들어주면 되는 거예요. 이렇게 꼼수를 쓰는 것은 옳은 방법이 아니죠."

"쿵쿵, 바보 같은 놈. 모처럼 생각해서 살려주겠다는 건데 호의를 거절해? 흥, 잘해봐라."

마틴은 피터를 비웃고는 등을 돌렸다.

'내가 왜 그랬지? 지금이라도 가서 붙잡을까?'

피터는 멀리 사라져가는 마틴을 보며 자신이 왜 그 달콤한 제안을 거절했는지 스스로도 이해가 되지 않았다. 거기 모인 누구보다 한 푼이 아쉬운 피터였다. 그런데 한편으로는 온몸을 찌르르 울리고 지나가는 뿌듯함이 있었다. 무엇보다 가브리엘 곁을 떠나고 싶지 않았다. 피터는 끝까지 가브리엘을 따르기로 했다.

며칠이 지난 어느 날, 옥외에 설치된 스피커를 통해 사장의 목소리가 들려왔다.

"리처드 콜이올시다. 여러분이 주장하는 것과 달리 지금 회사는 경영이 대단히 어려운 상황입니다. 세계 경제는 말할 것도 없고, 뉴욕 경기도 아주 안 좋아요. 관광객이 줄면서 택시 승객도 많이 줄었다는 것 잘 알지 않습니까? 내 개인적으로는 노조의 요구를 다 들어주고 싶지만 현실이 그렇지가 못합니다. 3교대 근무를 하려면 직원을 얼마나 더 뽑아야 하는지 압니까? 그 사람들 월급까지 챙기다가는 회사가 망합니다, 망해요!

그래서 지금 이 순간부터, 회사 입장을 따르는 직원들을 중심으로 운행을 재개할 예정입니다. 여러분이 도와준다면 나도 편의를 봐줄 생각이에요. 앞으로 사흘 동안 회사가 마련한 양식에 서명해서 총무부에 제출하는 사람에게는 그에 상응하는 혜택을 주겠습니다. 이 정도 선에서 파업을 접으면 나도 아주 고맙게 생각할 겁니다. 하지만 사흘이 지나도 파업을 계속한다면 즉각 경찰에 고발하고 손해 배상을 청구함과 동시에 해고할 것임을 밝혀둡니다. 알겠습니까?"

사장의 최후통첩에 노조원들이 동요하기 시작했다. 사실 대부분이 하루 벌어 하루 먹고사는 처지인지라 보름 가까이 계속된 파업은 생활에 엄청난 타격을 주고 있었다. 그런 와중에 사장의 협박까지 나오니 흔들리는 게 당연했다. 노조위원장이 마이크를 붙잡고 끝까지 항거하자며 목 놓아 외쳤지만 한번 흔들린 분위기는 쉽게 가라앉지 않았다.

그날 이후 시위대의 숫자는 눈에 띄게 줄었다. 사흘째 되던 날 아침, 회사 앞에는 불과 40여 명의 강성 노조원들만 남아 있었다. 처참한 상황이었다.

그때 마틴이 연단에 올라 마이크를 잡았다.

"킁킁, 회사 경영이 어렵다지 않습니까? 남은 사람도 얼마 없는데 그만 포기하세요. 사장님께서 남은 노조원을 다 해고하라고 했지만 제가 특별히 부탁을 드렸습니다. 킁킁, 지금부터 선착순 열 명을 마지노선으로 하겠습니다. 그 나머지 인원은 내일부로 모두 해고입니다. 얼른 나오세요, 딱 열 명입니다!"

그의 말에 야유가 터져 나왔다. 마틴의 말을 듣고 뛰어나가는 사람은 한 명도 없었다. 가브리엘이 끝까지 남았기에 피터도 당연히 그 자리를 지켰다.

"노조 활동은 법적으로 보장된 거 아닌가요? 도대체 법은 어디에 있는 거예요?"

분통을 터뜨리는 피터를 향해 가브리엘이 씁쓸하게 웃어 보였다.

"법? 그건 있는 자들 옆에 붙어 있지. 우리처럼 힘 없는 사람들에게는 그림의 떡일 뿐이야. 그래서 배워야 하고, 힘을 길러야 하는 거야."

"그런데 아저씨는 왜 끝까지 자리를 지키는 거예요?"

피터가 묻자 가브리엘의 눈이 반짝 빛났다.

"옳은 길이 아니니까. 내가 배운 건 없어도 옳고 그른 것은 구분할 줄 알거든. 그리고 사실 나는 노총각이 아니야. 젊은 시절, 옳지 않은 길을 걷다가 이혼을 당했지. 그날 이후 결심했어. 불법 유턴 금지. 신호 위반 금지. 막히더라도 옳은 길을 향해 정면으로 돌파한다, 가기 싫은 길이라도 그것이 옳은 길이라면 웃으며 직진한다고 말이야. 난 비굴하게 타협은 하고 싶지 않아."

피터는 그제야 가브리엘이 툭하면 중얼거리던 말의 뜻을 알 수 있었다. 그리고 '험난한 자갈길이라도 옳은 길이라면 걸어야 한다'는 크리스틴 선생님의 충고도 떠올렸다.

그때 누군가가 마틴을 향해 고함을 쳤다.

"이 더러운 자식아! 불쌍한 동료들 주머니나 갈취하는 천벌받을 놈! 사장한테 빌붙어 사는 너 같은 놈은 사장보다 더 악질이야. 이 나쁜 놈아!"

하지만 마틴은 눈썹 하나 까딱하지 않았다. 야비한 표정을 짓더니 손으로 목을 긋는 시늉을 할 뿐이었다. 그리고 앞자리에 앉아 있던 피터를 발견하고는 씨익 웃었다.

"어이, 난쟁이. 너도 이제 끝장이야."

마틴의 비웃음에 피터가 자리를 박차고 일어났다. 그리고 대뜸 소리를 질렀다.

"어이, 혹시 좀비가 되지 않고 좀비와 싸워 이기는 법 알아?"

"킁킁, 무슨 헛소리야?"

"그럼 말이 통하지 않는 외계인을 내 편으로 만드는 방법은?"

"이 자식이 돌았나. 갑자기 뭐라고 지껄이는 거야?"

"너 같은 배부른 돼지새끼는 죽었다 깨어나도 모를걸!"

"너, 너 이 자식!"

약이 바짝 오른 마틴이 연단에서 쫓아 내려와 피터의 얼굴에 해머 같은 주먹을 날렸다. '퍽' 소리와 함께 피터가 한 방에 나가 떨어졌다. 하지만 피터는 곧바로 벌떡 일어나 마틴에게 달려들었다. 학교에 다닐 때의 악바리 피터로 돌아간 것이다.

"좀비한테 이기고, 외계인을 내 편으로 만드는 법이 뭔지 알아? 바로 이길 때까지 계속해서 싸우는 거다, 이 돼지 같은 자식아. 싸움은 끝날 때까지 끝난 게 아니라고, 이 철면피야!"

"이 자식이 점점? 그래, 오늘 제대로 맛 좀 봐라!"

마틴이 작정을 하고 주먹질을 해댔지만 피터는 나가떨어졌다가도 벌떡 일어나 달려들고 또 달려들었다. 가브리엘과 사람들이 뜯어말려도 소용이 없었다. 두들겨 맞으면서도 피터는 웃고 있었다.

이상한 일이었다. 맞으면 맞을수록 몸은 고통스러웠지만 오히려 마음은 홀가분해지는 느낌이었다. 그동안 온몸에 달라붙어 무겁게 짓누르던 것들이 하나씩 떨어져 나가는 기분이었다.

골리앗을 이긴 다윗

"피터, 정신이 좀 드니?"

시야가 뿌옇게 흐린데 가까이서 익숙한 목소리가 들려왔다. 얼굴은 흐릿했지만 잊을 수 없는 목소리였다. 크리스틴 선생님이 자신을 걱정스럽게 내려다보고 있었다. 그뿐 아니라 가브리엘 아저씨와 알렉스 경, 노조 관계자들로 병실이 꽉 차 있었다. 그리고 딱 한 번 만난 게 전부였지만, 미셸이라는 이름을 또렷이 기억하는 예쁜 소녀도 그의 곁에 서 있었다.

"여, 여기는 어떻게 아시고…."

"어떻게 알긴, 방송 보고 알았지. 나는 네가 액션배우인 줄 알았다. 그건 그렇고 너 자꾸 이럴래? 꼭 이렇게 극적으로 재회를 해야 하겠니?"

크리스틴 선생님의 정감 넘치는 말투는 여전했다. 피터는 자신이 민망해하지 않도록 배려하는 선생님의 그 말투에 눈시울이 뜨거워졌다.

"죄송해요. 선생님…."

"나 말고 미셸에게 고맙다고 해라. 지난밤 꼬박 네 곁을 지켰단다."

피터가 의외라는 표정으로 고개를 돌리자 미셸이 어깨를 으쓱했다.

"쉬는 날이어서 봐준 것뿐이야. 고맙게 생각되면 어서 일어나기나 해."

썩 다정다감한 말은 아니었지만, 미셸의 목소리를 다시 듣자 이상하게도 얼굴이 발개졌다.

피터가 의식을 회복하던 순간부터 미소 띤 얼굴로 보고 있던 가브리엘도 한마디 했다.

"피터, 넌 우리의 영웅이야. 골리앗을 이긴 다윗이지."

"그건 무슨 소리예요? 이렇게 얻어맞고 누워 있는 다윗 보셨어요?"

"네가 마틴한테 맞아 병원에 실려 가는 장면을 방송국 카메라가 고스란히 찍어 뉴스에 내보냈단다. 그러자마자 사람을 어떻게 그렇게 무지막지하게 패느냐고 회사에 전화가 빗발쳤다더라. 노조가 왜 파업을 하는지에 대해서도 더 널리 알려지게 됐고 말이지. 여론이 안 좋아지니 사장도 별수 없었나 봐. 오늘 아침 협상 테이블에 나온 사장이 백기를 들었다는 거야. 우리 요구가 전부 관철된 거지."

피터는 가브리엘의 설명에 깜짝 놀랐다. 끝날 것 같지 않던, 아니 직원들의 패배로 결론 날 것 같던 파업이 자신의 무모한 행동으로 뒤집히다니!

"호호호, 골리앗을 이긴 다윗? 그 말 정말 멋진데! 이제부터 넌 다윗이다, 알겠느냐."

크리스틴 선생님의 말에 모두가 웃음을 터뜨렸다. 피터는 병원 침대에 누워 있는 자신을 둘러싸고 환하게 웃는 사람들을 보며 가슴 한편이 따뜻해지는 것을 느꼈다.

오랜만에 맛보는 휴식이라서 그랬을까. 피터는 따뜻하고 푹신한 병원 침대에 누워 계속 잠만 잤다. 지난 1년 동안 쌓이고 쌓였던 피로가 한꺼번에 터져 나오기라도 한 듯 피터를 잠으로 몰아붙였다. 그리고 잠에서 깰 때마다 희미한 시야에 한 소녀의 모습이 잡혔다. 그녀의 모습은 어느 때는 엄마를 닮아 있었고, 또 어느 때는 크리스틴 선생님을 닮아 있었다. 피터는 그녀를 보며 안도의 한숨을 내쉬고는 다시 잠에 빠져들었다. 누가 깨울지 몰라 불안에 떨며 자던 차가운 밤거리가 아니라 엄마의 따뜻한 품 같은 달콤한 잠이었다.

"나 이제 괜찮으니까 그만 와도 돼."

며칠이 흐르고 어느 정도 정신을 차린 피터가 쑥스럽게 이야기하자 미셸이 피식 웃었다.

"안 그래도 내일부터는 못 나와. 소호 거리에 있는 마르코라는 액세서리 매장에 취직했거든."

"그래? 거, 잘됐네."

대답하는 피터의 목소리가 살짝 떨렸다. 참 이상했다. 내일부터 미셸을 보지 못한다고 생각하니 아쉬움이 밀물처럼 밀려왔다. 어색한 침묵이 흐르자 미셸이 먼저 입을 열었다.

"피터, 내 꿈이 뭐였는지 알아?"

"꿈?"

"그래, 누구나 가지고 있는 인생의 목적, 희망 말이야. 어릴 적부터 나는 화가가 되고 싶었어. 기억도 나지 않는 어릴 때 아메리칸 드림을 꿈꾸는 부모님을 따라 푸에르토리코에서 미국으로 왔지. 가난해도 행복했어. 하지만…."

잠시 말을 멈춘 미셸은 머리를 한 번 흔들고는 말을 이었다.

"어느 날 부모님이 사고로 돌아가셨어. 인생이 끝났다는 생각이 들더라. 그때부터 정처 없이 거리를 떠돌며 자살을 생각하지 않은 날이 없었어."

피터는 미셸의 얘기를 들으며 가슴이 무거워지는 것을 느꼈다. 자신에게는 별 도움이 안 될지언정 아빠가 있었지만, 미셸에게는 아무도 없었다.

"미셸, 난 그런 줄도 모르고…."

"괜찮아. 위로받으려고 이야기한 것 아니니까. 노숙자 출신인 내가 좋은 직장을 얻을 수 있었던 건 크리스틴 선생님 덕분이야. 우연히 노숙자 쉼터에 간 적이 있는데 거기서 먹고 자면서 공부할 수 있게 도움을 주셨거든. 내가 그림에 관심이 많은 것을 알고는 맨해튼에 있는 디자인 센터에서 1년 동안 디자인을 공부할 수 있게도 해주셨어. 거기서 배운 덕분에 브루클린의 포트 그린 플리마켓에서 물건을 만들어 팔다가 마르코에 스카우트된 거야."

피터는 미셸의 얘기에 조용히 귀를 기울였다.

"피터, 내가 이런 얘기를 왜 하는지 알아? 크리스틴 선생님을 통해 네 얘기 참 많이 들었어. 넌 스스로 네게 아무것도 없다고 생각하지? 넌 네가 얼마나 행복한 존재인지 모르는 것 같아."

미셸이 잠시 말을 멈췄다. 피터는 미셸이 방금 한 말을 곰곰이 생각해보았다. 엄마, 크리스틴 선생님, 가브리엘 아저씨를 비롯한 직장 동료들…. 자신이 눈을 감고 있어서 그렇지 완전히 외톨이는 아니었구나 하는 생각이 들었다.

생각에 잠긴 피터를 바라보다 미셸이 천천히 말을 이었다.

"서로 잘 알지도 못하고, 그것도 병상에 누워 있는 너에게 이런 말 어떻게 들릴지 모르겠는데…. 나는 네가 다시 공부를 시작했으면 좋겠어."

같은 또래여서인지 공부를 하라는 미셸의 말에 큰 거부감이 느껴지진 않았다. 하지만 무엇을 해야 할지 몰랐고 자신도 없었다. 그래서 푸념처럼 말했다.

"가끔은 힘을 내려고 안간힘을 써보기도 하지만, 사실 너무 막막해. 어디로 가야 하나 고민하다가… 그냥 에라, 될 대로 돼라, 그러곤 해."

"피터, 이런 말 미안하지만 너는 네 이름처럼 피터 팬 증후군을 앓고 있는지도 몰라. 어른이 되었지만 여전히 어린 피터로 대우받고 보호받기를 원하는 것 말이야. 하지만 아무런 노력도 하지 않으면 웬디나 팅커벨도 도와주지 않아. 그런 사람은 환상의 섬 네버랜드(Neverland)에 결코(never) 갈 수가 없다고."

피터는 자신을 설득하고 힘을 주려는 미셸의 마음이 고마웠다. 그렇지만 늘 그렇듯이 입에서는 다른 소리가 나왔다.

"마치 내 인생을 다 알고 있다는 듯이 말하지 마!"

그 말에 미셸도 목소리가 높아졌다.

"너는 네 인생이 최악이라고 생각하지? 레몬이 시다면 달콤한

레모네이드를 만들어 먹으라는 속담도 몰라? 세상에 나서는 게 그렇게 무섭고 두렵니?"

"그래, 말 잘했다. 무섭다. 괴물 같은 인간들을 만나는 것도 무섭고, 나를 괴물로 보는 사람들의 시선도 무섭다. 네가 나를 알아? 내가 어떻게 살아왔는지 알기나 해? 건방지게 남의 인생에 참견하지 말고 이제 그만 돌아가!"

이게 아닌데 싶으면서도, 말을 하면 할수록 화를 진정시킬 수가 없었다.

그때였다. 크리스틴 선생님이 병실 문을 열고 들어섰다.

"둘만의 데이트를 방해해서 미안한데, 내가 좀 끼어들어도 될까?"

"선생님…."

"나는 피터 너를 알아. 아무렴, 내가 널 모르면 누가 알겠니. 사실은 아까 왔는데 진지하게 얘기를 나누고 있길래 밖에서 좀 기다렸지. 친구끼리 대화를 나누면 말이 더 잘 통하겠구나 싶었는데 웬걸, 역시 네 고집은 알아줘야겠구나. 어쨌든 선생님은 너를 꼭 공부시키기로 마음먹었다. 힘들겠지만 택시를 몰면서 공부를 병행해야 하겠지."

"다들 그만 좀 하세요!"

"너는 너 스스로를 더 강하게 만들어야 해. 《데미안》에서 읽은, '새는 알에서 빠져나오기 위해 힘겹게 싸운다'는 말 기억하지? 피터 너도 어서 알이라는 세계를 깨고 나오렴. 선생님이 꼭 그렇게 되도록 도와줄게."

"그래, 피터, 우리가 도와줄게. '내 비장의 무기는 아직 이 손안에 있다. 그것은 희망이다!' 이거 누가 한 말인 줄 알아? 바로 너처럼 작았던 영웅, 나폴레옹이 한 말이야."

미셸이 피터의 손을 잡으며 크리스틴 선생님의 얘기에 힘을 더했다.

피터는 자신의 손을 잡고 있는 미셸의 손을 보았다. 처음으로 만져보는 또래 여자아이의 손이었다. 무척 따뜻했다. 쑥스러워 손을 빼내려 했지만 그 위에 크리스틴 선생님이 마저 손을 포갰다.

"피터, 너는 두 번이나 내 곁을 떠났다. 또 허락도 없이 떠나버리면 널 병아리로 만들어서 다시 알 속에 구겨 넣어버릴 테니 그리 알아. 내가 할머니가 되었다고 무시하면 혼난다. 알았지? 나중에 노숙자 쉼터에서 보자꾸나. 미셸이 네 손에 쥐어준 희망 잘 간직하고."

그 말을 마지막으로 두 사람은 병실을 나갔다.

홀로 남겨진 피터는 멍하니 누워 천장을 바라보았다.

'희망이라…'

과거를 생각하고 반성했다. 미래를 생각하고 또 반성했다. 반성하면서 또 생각했다. 알 수 없는 미래가 한없이 두렵게만 느껴졌다가, 까짓것 한번 붙어보자고 생각하면 또 아무것도 아닌 일이 되곤 했다.

드림카드

피터는 퇴원하자마자 가브리엘의 택시를 타고 회사로 향했다.

"아저씨, 늘 고맙습니다."

"무슨 소리야. 피터가 좋으면 나도 좋지. 하하하."

가브리엘의 시원한 웃음에 피터는 덩달아 기분이 좋아졌다. 가브리엘은 그런 사람이었다. 남을 위해 사는 사람, 불법 유턴 대신 안전 운전과 올바른 직진을 택한 사람이었다. 그의 얼굴에서는 자연스럽게 배어 나오는 편안한 미소가 늘 떠나지 않았다.

"우와, 영웅이 돌아왔다!"

"고맙다, 피터. 네 덕분에 파업이 성공했어!"

사무실에 도착하자 동료들이 영웅의 귀환이라며 떠들썩하게 반겨주었다. 피터는 어리둥절한 기분이었다. 사람들, 더욱이 이토록 많은 이들에게 감사의 인사를 받는 것은 난생처음이었기 때문이다. 택시까지 새것으로 배정받을 정도로 피터의 위상은 달라져 있었다. 마틴이 먼저 꼬리를 내리고 자리를 피해버린 것도 처음 있는 일이었다.

잠시 후 주차장으로 나와 새로 배정받은 택시를 살피던 피터가 갑자기 웃음을 터뜨렸다.

"왜 그래? 새 차가 그렇게 좋아?"

가브리엘이 묻는데도 피터는 계속 웃기만 했다. 그 이유는 바로 택시 지붕에 부착된 광고판 때문이었다.

월트디즈니 장편 애니메이션 〈노트르담의 꼽추〉
6월 대개봉!

한때 자신의 별명을 머리 위에 달고 운전할 생각을 하니 웃음을 참을 수 없었던 것이다. 그때 문득 미셸의 얼굴이 떠오르면서 여자주인공 에스메랄다의 얼굴에 겹쳐졌다. 자기도 모르게 떠오른 상상에 피터는 화들짝 놀랐다.

'내 주제에 무슨…. 헛물켜지 말자.'

피터는 쓴웃음을 지으며 택시에 올라탔다. 하지만 손안에 쥔

자동차 키를 보자 다시 미셸이 떠올랐다.

'내 비장의 무기는 아직 이 손안에 있다. 그것은 희망이다! 이 거 누가 한 말인지 알아? 바로 나폴레옹이야. 작은 키로 유럽을 정복한!'

'미셸이 말한 나폴레옹의 비장의 무기가 나에게는 이것인 가?'

피터는 손에 쥔 자동차 열쇠와 이제부터 몰게 될 택시를 구석구석 돌아보다가 불끈 주먹을 쥐었다.

'그래, 이 좁은 공간이 바로 나의 직장이자 사무실이라고 생각하자. 뉴욕 최고의 택시 기사가 되는 거야. 여기서도 성공하시 못한다면 세상 어느 곳에서도 성공할 수 없을 거야. 택시야말로 내 손에 쥐고 있는 희망이자 무기다.'

피터는 천천히 택시에 시동을 걸었다. '부르릉' 하는 엔진 소리가 경쾌하게 들렸다.

피터는 다음 날부터 '북 포 푸드(Book for Food)'라는 노숙자 쉼터에서 공부를 시작했다. 북 포 푸드는 노숙자에게 밥 한 끼를 먹이는 것도 중요하지만, 책을 읽게 해서 자립할 힘을 길러 주는 게 더 중요하다는 취지로 설립된 비영리단체였다.

"정년퇴임까지 했으니 이제부터는 본격적으로 봉사활동을 해야겠어. 그동안 내가 받은 도움을 이 사회에 다시 돌려줘야 하지 않겠니? 생각만 해도 기대되는구나."

교단에서 은퇴한 크리스틴 선생님은 쉼터에서 인문학 강사로 맹활약을 하고 있었다. 그리고 미셸이 그 곁에서 열심히 도왔다.

"정말 늦지 않은 걸까요? 제가 잘할 수 있을까요?"

처음 노숙자 쉼터를 찾았을 때 피터는 기대 반 두려움 반의 복잡한 마음이었다. 다시 희망을 갖는 데 대한 기대와 또다시 희망이 물거품처럼 사라질 수도 있다는 두려움이 몰려왔기 때문이다.

"피터, 두려워하지 마. 부딪혀 넘어지면 선생님을 붙잡고 일어서면 되잖니. 선생님은 언제나 네 옆에 있단다."

"나도 가끔 손 내밀어줄게. 내 손 잡고 싶다고 일부러 쓰러지지는 말고."

"아니, 내가 뭘…."

"어이구, 누가 우리 피터 얼굴에 불을 피웠을까?"

미셸의 농담에 피터의 얼굴이 발갛게 물들자 그런 그를 보며 크리스틴 선생님이 짓궂게 한마디를 보탰다.

피터는 자신을 응원하는 선생님의 도움을 받아가며 GED 시험을 준비했다. 늦게 시작한 만큼 더 열심히 공부했다. 낮에는 택시를 몰고 밤에는 책을 읽었다. 독서 노트를 늘 택시 안에 비치해놓고 틈만 나면 읽고 썼다. 휴일이면 알렉스 경과 함께 거리 청소 봉사를 나갔는데, 거기서도 한 손엔 책을 들었다. 중·고등학교 시절 책과 친해지는 법을 배웠기 때문일까. 피터는 하루가 다르게 실력이 향상되었다.

드디어 시험을 보러 가기 전날 밤이 되었다. 미셸이 피터에게 쪽지 한 장을 건네주었다.

집안이 나쁘다고 탓하지 말라.
나는 아홉 살 때 아버지를 잃고 마을에서 쫓겨났다.
가난하다고 말하지 말라.
나는 들쥐를 잡아먹으며 연명했고,
목숨을 건 전쟁이 내 직업이고 일이었다.
작은 나라에서 태어났다고 말하지 말라.
그림자 말고는 친구도 없고 병사로만 10만,
백성은 어린애 노인까지 합쳐 200만도 되지 않았다.
배운 게 없고 힘이 없다고 탓하지 말라.
나는 내 이름도 쓸 줄 몰랐으나
남의 말에 귀 기울이면서 현명해지는 법을 배웠다.
너무 막막하다고, 그래서 포기해야겠다고 말하지 말라.
나는 목에 칼을 쓰고도 탈출했고,
뺨에 화살을 맞고 죽었다 살아나기도 했다.
적은 밖에 있는 것이 아니라 내 안에 있었다.
나는 내게 거추장스러운 것은 깡그리 쓸어버렸다.

칭기즈칸이 남긴 말이야. 지난 1995년 12월 31일 〈워싱턴포스트〉지가 선정한, 지난 천 년간 가장 위대한 인물이지. 어때? 네 조건이 좀더 낫다고 생각하지 않니?
피터, 넌 할 수 있어! 힘내!

GED 합격통지서를 받던 날 피터는 하염없이 눈물을 흘렸다. 합격의 기쁨과 이 사실을 엄마에게 자랑하지 못한다는 슬픔이 교차하면서 감정이 북받쳐 올랐다.

'할 수 있었는데, 엄마가 살아 계실 때도 할 수 있었는데 나는 하지 않았던 거야. 엄마를 기쁘게 해드릴 수 있었는데. 바보 같은 놈….'

크리스틴 선생님은 그런 피터를 따뜻하게 안아주었다.

"이제라도 알았으니 결코 늦은 게 아니란다. 이걸로 고등학교를 졸업한 셈이니 축하 선물을 줘야겠지? 자, 선생님 선물은 프랭클린 다이어리란다. 하루하루를 계획성 있게 살아가라는 뜻이야."

그러자 옆에 있던 알렉스 경이 배낭에서 구두 한 켤레를 꺼내 피터에게 건넸다.

"흠흠, 내 선물은 이거다."

"이게 뭐예요, 알렉스 경?"

"뭐긴 뭐야. 키높이 구두지."

알렉스 경의 엉뚱한 선물에 다들 박장대소하며 즐거워했다. 그리고 미셸은 책 한 권과 함께 신시아가 잠들어 있는 캘버리 공동묘지까지 손을 잡고 동행해주는 선물을 주었다. 희망이라는 비장의 무기를 선물해준 그 손이었다.

피터에게는 정말 뜻깊은 날이었다. 졸업장을 딴 것은 물론이고, 난생처음 여자와 손을 잡고 거리를 걸은 것도 각별했다. 알렉스 경이 선물한 키높이 구두를 신으니 미셸과 키 차이도 별로 나지 않았다.

피터는 묘하게 설레는 기분으로 엄마 무덤 앞에 섰다.

"엄마…. 너무 늦게 와서 죄송해요. 그곳에서는 행복하지요? …. 엄마, 나 지금 엄마가 바라던 대로 열심히 살고 있어요. 이제야 엄마 앞에 당당하게 설 수 있게 됐네. 아직은 멀었지만 곧 자이언트 피터가 돼서 다시 찾아올게요. 약속해, 엄마. 많이 사랑하고, 많이 보고 싶고…."

피터가 울먹이며 말을 잇지 못하자 옆에서 지켜보던 미셸이 말을 이었다.

"한 번도 뵌 적은 없지만 아줌마는 참 멋진 분이셨을 것 같아요. 멋진 아들을 세상에 남겨두고 가서서…, 고마워요."

피터는 미셸의 옆모습을 슬쩍 훔쳐보았다. 자신에게 멋지다고 말해준 사람은 이 세상에 딱 두 명뿐이었는데, 지금 막 한 명이 늘어났다.

미셸의 얼굴 위로 뉴욕의 붉은 노을이 지고 있었다. 피터의 얼굴도 붉게 물들어갔다. 피터는 그녀의 얼굴에서 눈을 떼지 못했다. 자기 엄마에게 고맙다고 말해준 미셸이 무척 고마웠다. 피터는 엄마를 대신해서 마음속으로 고맙다고 대답했다.

'정말, 고마워.'

우연이었을까, 아니면 운명이었을까. 미셸이 합격을 축하하며 선물한 책의 제목이 눈에 익었다. 바로 예전에 소아마비 의사가 추천한 윌리엄 프랭크 교수의 《행복은 어디에서 오는가》였다. 피터는 호기심 어린 눈으로 책을 펴 들었다. 그리고 곧바로 빠져들었다. 책은 모든 사람이 찾아 헤매는 '행복'에 대해서 얘기하고 있었다.

모든 사람은 행복을 원한다. 행복한 삶을 꿈꾸지 않는 사람은 없다. 그런데 어떤 사람은 원하던 대로 행복한 삶을 살고, 어떤 사람은 바라던 행복을 얻지 못한 채 불행한 삶을 산다. 왜 그럴까? 왜 어떤 사람은 자신이 바라고 꿈꾸고 원하던 것을 얻고, 어떤 사람은 얻지 못하는 것일까?

전자는 스스로 세운 구체적인 목적을 이루기 위해 열심히 살고, 후자는 아무런 목적 없이 그저 하루하루를 보내기 때문이다. 보다 가치 있고 의미 있는, 흔히 말하는 성공한 삶을 살아가려면 높은 차원의 구체적인 목적을 추구해야만 한다. 행복은 그 구체적인 목적을 실천하는 데서 온다. 그 실천이란 다른 사람의 삶을 사랑하고, 그들이 행복해지도록 적극적으로 돕는 행위를 뜻한다. 성공할 만한 사람이 성공하게 되고, 행복할 만한 사람이 행복하게 되는 것. 이것이 인생의 법칙이다.

'행복은 과연 어디에서 오는 것일까?'

피터는 문득 룸미러에 비쳤던 그 의사의 얼굴을 떠올렸다.

'높은 차원의 목적을 추구하는 삶이라…. 그 의사처럼 자신의 행복을 떼어내서 다른 사람들에게 나누어주고 봉사하면서 살아가는 삶을 말하는 걸까? 그 의사의 얼굴은 너무도 평온하고 행복해 보였어.'

생각을 이어가다 보니 주변에 있는 사람들, 알렉스 경과 크리스틴 선생님도 떠올랐다.

'이분들은 다른 사람들에게 행복을 나눠주면서 살고 있고, 그래서 행복하다고 얘기하지. 그렇다면 나는, 어떤 삶을 살고 있는 걸까?'

피터는 마음 밑바닥에서부터 치고 올라오는 뭉클한 기운을 느낄 수 있었다. 짜릿한 전율이 온몸을 파고들면서 점점 더 책 속으로 빨려들었다.

"무슨 책을 읽는데 그렇게 심각해?"

책 읽는 데 몰입한 피터에게 가브리엘이 물었다.

"예전에 다리를 심하게 절면서도 봉사활동을 다니는 소아마비 의사를 태운 적이 있었어요. 그 손님이 읽어보라고 권해준 책이었는데, 마침 미셸이 선물로 주었네요. 그날처럼 손님하고 많은 얘기를 나눠본 적은 없었어요. 주제도 굉장히 추상적이었어요. 봉사, 사랑, 희생, 나눔, 행복 등등이요. 그때는 귀담아듣지 않았는데 책을 읽다 보니 깊이 생각해보게 되네요."

"안 그래도 내가 생각하고 있는 게 하나 있는데, 그 얘기와 통하는 부분이 있는 것 같아. 이 기사 좀 읽어봐."

가브리엘은 미리 스크랩해둔 〈시카고트리뷴〉의 기사를 피터에게 내밀었다.

"카드 한 장으로 인생을 바꾼다?"

한 장의 카드가 인생을 바꾸는 마술 같은 일이 지금 시카고 곳곳에서 일어나고 있다.

15년차 택시 기사 매튜는 할스테드 거리에서 40대 남자 승객 한

명을 태웠다. 늦은 밤, 술에 만취한 채로 뒷좌석에 몸을 던진 이 남자는 무작정 시카고 강이 보이는 네이비 피어로 가자고 했다. 남자는 목적지로 향하는 내내 죽고 싶다는 말과 함께 소리를 질러댔다. 그의 얼굴에는 숨길 수 없는 절망이 묻어 있었다.

신호가 바뀌기를 기다리던 매튜는 차 안에 비치해둔 '버추카드(Virtue Card)' 꾸러미를 남자에게 내밀었다. 버추카드란 배려 · 존중 · 정직 · 협동 등 인생을 살면서 꼭 필요한 덕목을 적고, 그 뜻을 풀이해놓은 52장의 카드다.

아무거나 한 장 뽑아보라는 매튜의 말에 술에 잔뜩 취한 이 남성은 반말에 욕설까지 섞어가며 운전이나 하라고 재촉했다. 그래도 매튜는 웃음을 거두지 않고 다시 카드 뽑기를 권유했다. 결국 그가 무작위로 뽑은 것은 '용기'라는 카드였다. 그리고 그 밑에는 '두렵더라도 당당함을 잃지 마세요. 만일 실수를 했다면 그 즉시 인정하고, 반성하고, 사과하세요. 그것이 용기입니다. 도움이 필요할 땐 주저하지 말고 용기를 내서 주위 사람들에게 손을 내밀어보세요. 누군가 그 손을 잡아줄 거예요. 그리고 죽을 용기가 있다면 어떻게 해서든 살겠다는 용기를 가져보세요'라는 설명이 적혀 있었다.

카드를 다 읽은 남자는 한동안 말없이 창밖을 바라보기만 했다. 그리고 목적지에 도착하자 어렵게 입을 열었다.

"밤새 카지노에서 돈을 다 잃었습니다. 회사 공금이었죠. 하루만

몰래 쓴다는 것이 그만…. 화풀이 상대가 필요해 당신한테 시비를 걸었습니다. 죄송합니다."

"아닙니다. 누구나 실수를 하지요. 그럴 때 필요한 것이 용기가 아닐까요? 실수를 하지 않는 것도 중요하지만, 용기를 가지고 실수를 만회하는 것도 중요하답니다."

택시에서 내린 남자는 매튜를 향해 정중히 인사를 했다.

"참으로 오랜만에 다른 사람한테 위로를 받아보네요. 감사합니다."

매튜는 남자에게 카드와 팁을 돌려주며 이렇게 얘기했다.

"이 팁은 다음에 받겠습니다. 아니, 선생님보다 더 어려운 사람에게 용기를 주기 위해 사용하는 것은 어떨까요? 그리고 이 카드는 영원히 가슴 안쪽 주머니에 간직하세요. 어려울 때마다 꺼내서 보시면 큰 힘이 될 겁니다."

"피터, 우리 옐로우 캡 택시에도 이런 카드를 비치하면 어떨까? 비록 카드 한 장이지만 어려움에 처한 사람들에게 작은 위로가 되지 않을까? 그러면 우리도 보람을 느끼고 자긍심을 얻게 될 거야. 이게 바로 힐링 택시 아니겠어?"

"멋진 아이디어예요! 그야말로 택시가 '움직이는 고민 상담소'가 되는 거잖아요. 우리 당장 시작해요!"

신이 나서 이야기하는 피터를 보며 가브리엘이 웃음을 터뜨렸다.

"하하하. 피터, 요새 많이 달라졌는데? 정말 좋아 보여."

"형님도 부끄럽게…."

파업과 입원 등을 거치면서 부쩍 가까워진 두 사람은 형, 동생하는 사이가 됐다. 두 사람은 신바람을 내며 택시에 비치할 카드를 만들었다. 예전 같으면 귀찮아하며 도망쳤겠지만, 피터는 온 힘을 기울였다.

카드를 만드는 데에는 크리스틴 선생님과 함께 읽었던 책들이 많은 도움이 되었다. 피터는 그동안 읽은 책과 독서 노트에서 찾은 좋은 단어와 문장들을 간추려 50장의 카드를 만들었다. 그 중에서 피터가 가장 신경을 쓴 것은 '행복'이라는 카드였다. '행복' 카드는 특별히 피터 자신을 위해 만들었기 때문이다.

프랭크 교수와의 만남

　드림카드가 처음부터 승객들의 이목을 사로잡은 것은 아니었다. 택시 기사와 말을 섞는 것 자체를 싫어하는 손님도 많았다.
　"저 지금 피곤하거든요. 괜히 쓸데없는 짓 하지 말고 목적지까지 빨리, 그리고 무사히만 데려다줘요. 그러면 팁 두둑이 드릴 테니까."
　피터와 가브리엘은 그러나 실망하지도, 포기하지도 않았다. 차근차근 알려나가면 언젠가는 많은 승객이 드림카드를 찾을 거라 확신했기 때문이다. 그리고 예상처럼 처음에는 하루 두세 번이 고작이었지만, 날이 흐를수록 드림카드를 찾는 이들이 늘어났다.

"와, 내가 지금 고민하는 문제에 딱 맞는 해결책이잖아?"

우연히 뽑은 카드가 자신이 지금 겪고 있는 고민의 해결책으로 더할 나위 없이 어울린다는 반응이 많았다. 손님이 없어 걱정하던 레스토랑 주인은 '청결' 카드를, 새로운 사업을 준비하고 있던 퇴직자는 '열정' 카드를, 사업이 번창하고 있는 벤처기업 CEO는 '감사'라는 카드를 뽑았다. 또한 부부싸움을 했다는 한 남자는 '인내'를 뽑았다.

자신에게 딱 들어맞는 카드를 뽑았다며 신기해하는 승객을 흐뭇하게 바라보면서 피터는 카드별로 준비한 이야기를 곁들였다.

"책을 읽다 보니 첫 직장을 다녔을 때의 열정을 가지고 사업을 하면 좋은 결과를 얻을 수 있다고 하더라고요. 그래서 저도 매일매일 택시 운행을 하기 전에 다시 한 번 마음을 다잡는답니다."

"사업이 번창할 때 조심하라는 뜻이에요. 동양 속담에 벼는 익을수록 고개를 숙인다는 말이 있대요. 자만하지 말고 매사에 감사해야 더 좋은 일이 생긴다는 뜻이죠."

"창피한 얘기지만 제가 예전에 분노조절장애를 앓았습니다. 이제는 많이 나아졌는데, 제 노하우를 살짝 가르쳐드릴까요? 우선 화를 내기 전에 딱 5초만 참는 습관을 갖는 거예요. 이렇게요, 하나 둘… 다섯. 그러면 이혼까지 가는 일은 없을 겁니다."

피터는 힘든 줄도 모르고 뜻풀이를 해주었다. 단지 책을 통해 알고 있던, 그동안 크리스틴 선생님을 통해 들었던 좋은 얘기들을 들려주었을 뿐인데도 승객들의 반응은 피터를 놀라게 했다. 그들은 마치 기다렸다는 듯이 말문을 열면서 하나같이 자신의 얘기라고 공감했다. 그러고는 인터넷 게시판에 익명의 댓글을 다는 것처럼, 부모나 배우자에게도 차마 하지 못했던 얘기를 피터에게 술술 털어놓았다.

사실 뉴욕에 살면서 크건 작건 고민 없이 살기란 불가능한 일이다. 하기야 세상 누군들 그렇지 않겠는가. 누구든지 한두 가지 고민거리 정도는 품고 있을 것이다. 문제는 마음을 터놓고 고민을 털어놓을 상대가 없다는 것이다. 현대 사회는 속마음을 드러내거나 약한 모습을 보이면 경쟁에서 가차 없이 밀리는 살벌한 정글이기 때문이다. 피터와 가브리엘의 드림카드는 사람들에게 숨통을 틔워주는 도화선이 되었다. 어떤 카드를 고르더라도 삶의 나침반이 될 만한 좋은 단어들이었으니 마음속의 응어리가 풀리는 것은 당연했다.

그렇게 움직이는 고민 상담소는 시간이 갈수록 더 확고히 자리를 잡아나갔다. 손님들이 마음의 안정을 찾았다며 두둑한 팁으로 고마움을 표시하자 피터의 마음도 덩달아 좋아졌다. 뜻깊은 일을 하고 있다는 생각에 보람도 느꼈다. 게다가 미셸이 디자인 실력을 발휘해준 덕분에 카드의 인기가 더욱더 높아졌다.

"내용도 멋지지만, 카드 디자인이 너무나 맘에 들어요."

"카드를 뽑으신 기념으로 손님께 드리겠습니다."

"정말로요? 이렇게 값진 선물을 초면인 저에게 주시다니, 감사합니다."

드림카드는 대성공이었다. 나중에는 택시에 비치할 카드가 모자랄 지경이었다.

좋은 생각은 좋은 결과를 낳는다. 행복은 행복을 부른다. 선행은 또 다른 선행을 부른다. 피터는 이 작지만 엄청난 인생의 진리를 직접 경험하며 인생의 전환점을 맞이했다. 바로 드림카드 고민 상담소를 운영한 지 몇 개월이 흘렀을 때였다.

드디어 뉴욕이 가장 아름다워지는 크리스마스 시즌이 시작되었다. 크리스마스 정기 세일이 시작되자 거리에는 쇼핑객들로 넘쳐났다. 피터는 택시를 길가에 세운 채 손님을 기다리고 있었다.

"어이, 피터! 오늘은 어때?"

택시를 몰고 지나가던 회사 동료 라만이 경적을 울리며 물었다. 라만은 아랍계 이민자로 매우 성실해 피터가 가브리엘 형님만큼 의지하는 사람이었다.

"크리스마스 시즌인데 영 손님이 없네요."

"곧 좋은 소식이 있겠지. 혹시 아나, 산타클로스가 자네를 찾아올지? 메리 크리스마스!"

"하하하, 그러면 정말 좋겠네요. 아저씨도 메리 크리스마스!"

피터는 다시 손님을 기다리기 시작했다. 그리고 거리의 행인들을 보며 나직이 중얼거렸다.

'피터, 산타클로스가 나를 찾아오기를 기다리지 말자. 내 택시를 타는 손님 한 명 한 명을 산타클로스라고 생각하면 되지. 또 손님에게 드림카드로 희망을 주는 내가 산타클로스라고 생각하면 되지. 나는 지금도 충분히 행복하잖아!'

피터는 그렇게 느긋한 마음으로 휘파람을 불며 택시를 타게 될 산타클로스를 기다렸다. 몇 시간 뒤 진짜 산타클로스가 자신을 찾아올 줄은 꿈에도 모른 채 말이다.

그날 저녁이었다. 피터는 맨해튼 남부 워싱턴 스퀘어 파크에 있는 뉴욕 대학교 앞에서 대기 중이었다. 정류장에는 옐로우 캡 택시들이 노란 우비를 쓴 아이들처럼 일렬로 긴 줄을 만들고 있었고, 잠시 뒤 피터의 차례가 되었다. 피터의 손님은 서류가방을 든 한 노신사였다.

"날씨가 춥죠? 어디로 모실까요, 손님?"

"케네디 공항으로 갑시다."

케네디 공항은 맨해튼 도심에서 동쪽으로 24킬로미터쯤 떨어진 퀸스 자치구에 있었다. 막히지 않는다면 금방 갈 수 있는 거리였지만, 아쉽게도 뉴욕은 지금 크리스마스 시즌이었다.

"길이 많이 막히네요. 죄송합니다."

피터의 말에 노신사가 빙긋 웃으며 대답했다.

"길 막히는 게 어디 기사 양반 책임인가요. 괜찮습니다."

"비행기 출발 시간에 늦지는 않을까 싶어서 그럽니다."

"허허허, 비행기는 밤늦게까지 있으니 서두르지 않아도 됩니다."

피터는 룸미러를 통해 노신사를 다시 한 번 쳐다보았다. 보통 사람이라면 조바심을 내며 빨리 가달라고 다그치거나 팁을 두둑하게 줄 테니 없는 지름길이라도 만들어달라고 할 터였다. 하지만 노신사의 얼굴에는 말 그대로 조급한 기색이 전혀 없었다.

"선생님, 길도 막히고 지루하실 텐데 라디오를 틀어드릴까요?"

"그거 좋은 아이디어네요. 우리 느긋하게 멋진 음악을 들어볼까요?"

노신사의 흔쾌한 허락에 피터가 라디오를 켜자 아름다운 노래가 흘러나오기 시작했다. 그러자 노신사가 흥얼흥얼 노래를 따라 부르며 반가워했다.

"오오, 호세 펠리치아노의 펠리스 나비닷이로군요."

"저는 처음 들어보는데 노래가 정말 멋지네요."

피터의 말에 노신사가 안타깝다는 얼굴로 혀를 찼다.

"이런, 푸에르토리코 출신의 명가수를 아직도 모르고 계셨다니 지금껏 행복 하나를 못 누리고 살았구려. 허허허."

"그러게요. 이런 멋진 노래가 있다니 정말 행복 하나를 새롭게 찾은 기분입니다."

피터의 그럴듯한 추임새에 기분이 좋아졌는지 노신사가 몸을 앞으로 내밀고 비밀을 이야기하듯 속삭였다.

"그런데 노래보다 더 대단한 게 무엇인지 압니까? 바로 호세 펠리치아노가 앞을 못 보는 맹인이라는 겁니다. 장애를 딛고 일어선 정말 멋진 사람이죠."

피터는 노신사의 말에 깜짝 놀랐다. 처음 들어보는 말이었기 때문이다. 지금껏 맹인 가수라고는 스티비 원더밖에 몰랐다.

"아, 인사가 늦었구려. 메리 크리스마스!"

노신사가 기분 좋은 목소리로 인사를 건넸다.

"아, 아닙니다. 제가 먼저 했어야 하는데. 선생님도 메리 크리스마스. 그런데 혹시 방해가 안 된다면 앞에 비치된 드림카드 한 장을 뽑아보시겠어요?"

피터의 말에 노신사가 카드 뭉치를 보며 눈을 동그랗게 떴다.

"아, 이게 뭔가요?"

"제가 중요하다고 생각하는 단어들로 만든 드림카드(Dream

Card)입니다. 저는 매일 한 장씩 카드를 뽑으면서 하루를 시작합니다."

"'인생은 초콜릿 상자와 같다. 어떤 맛일지 모르는 초콜릿을 하나 고르는 것과 같다.' 영화 〈포레스트 검프〉에서 포레스트 검프가 한 말이죠. 이게 바로 그런 거잖습니까. 좋습니다. 차도 막히는데 오늘의 운세나 한번 봅시다. 어디 보자…."

노신사가 뽑은 카드는 '행복'이라는 이름의 카드였다. 피터는 노신사가 행복 카드를 뽑자 이상하게도 기분이 좋았다.

"축하드려요. 그건 제가 절 위해 만든 카드입니다. 그 밑에 쓴 글을 한번 읽어보시겠어요?"

진정한 행복은 목적을 위해 몰입하는 데서 온다.

"허허허, 어디서 본 듯한 글이로군요."

노신사의 말에 피터의 눈이 반짝였다.

"혹시 그 책 읽어보셨습니까? 제가 얼마 전에 읽었던 《행복은 어디에서 오는가》라는 책에서 발췌한 문장입니다."

"읽어본 적이 있고말고요. 그런데 하버드대학교 학생들도 읽기 어려워한다는 소문이 있던데, 기사 양반은 대단하구려. 어떻던가요? 소문처럼 어렵습디까?"

노신사의 질문에 피터가 웃으며 고개를 저었다.

"웬걸요. 밤을 새워 사흘 만에 다 읽었는걸요. 제 인생의 나침반 같은 역할을 해줄 만큼 깊은 감명을 받았습니다."

"젊은 양반이 독서 실력이 대단하시구려. 그 어렵다는 책을 감명 깊게 읽다니!"

노신사의 칭찬에 피터는 어깨가 으쓱해지는 기분이었다. 겨우겨우 맨해튼을 빠져나온 택시는 막 미드타운 터널을 통과하고 있었다. 아직도 목적지까지는 한참을 더 가야 했다. 하지만 오랜만에 만나는 멋진 대화 상대에 피터는 전혀 지루하지 않았다.

"그런데 한 가지 이해가 되지 않는 부분이 있었습니다. 저자는 행복과 불행을 가르는 경계선은 바로 비교하는 것이라고 썼더군요. 남들과 자신을 비교하지 않는다면 언제든 행복해질 수 있다는 주장인데, 솔직히 제가 생각하기에 현실은 좀 다르지 않나 싶습니다. 비교하지 않아도 그 자체로 불행을 느끼며 사는 사람들도 많은 것 같아서요."

피터의 얘기에 노신사의 입가가 부드럽게 올라갔다.

"음…. 그러면 거꾸로 이런 질문부터 해봅시다. 아, 기사 양반 이름이…."

"피터입니다. 피터 홀."

"피터 씨로군요. 피터 씨는 택시 운전을 해서 무엇을 얻으려고 합니까? 다시 말하자면 피터 씨 인생의 목적이 뭐냐, 이 말이죠."

"제 목표는 택시 운전을 열심히 해서 돈을 많이 모으는 것입니다."

"돈을 많이 모으는 것이라…. 좋아요. 그게 목적이군요. 그럼 그다음에는? 돈을 모은 다음에는 무엇을 할 계획입니까?"

피터는 별걸 다 묻는다는 식으로 대답했다.

"당연히 행복해져야죠. 그러기 위해서 돈을 모으는 거니까요. 결혼도 하고, 아내를 행복하게 해주고, 아이들도 낳아 잘 키울 겁니다. 구체적인 목적을 가지고 실천해야 행복해질 수 있다는 책 내용처럼 말입니다."

피터의 말에 노신사가 묘한 웃음을 보이며 다시 질문을 던졌다.

"그런데 돈이 많다고 당신과 장래의 아내, 아이들이 행복해진다는 보장이 있을까요? 그걸 누군가 보장이라도 해주느냐 그런 얘기죠. 천 달러짜리 와인을 매일 마신다면 그게 맛이 있겠는가 하는 거랑 같은 말입니다. 아무튼, 부자가 되었다고 칩시다. 만약 부자가 되었는데도 행복하지 않다면 그땐 어떻게 할 거요?"

"그, 그게…."

피터는 한 번도 생각해본 적 없는 질문에 말문이 막히고 말았다. 차들로 꽉 막혀 옴짝달싹할 수 없는 눈앞의 고속도로 상황보다 더 심각한 답답함과 조급증이 몰려들었다. 그리고 가까스로 꺼낸 피터의 대답은 다음과 같았다.

"물론 보장은 없지만, 대개 돈이 많으면 어느 정도 행복해지

지 않습니까? 하지만 반대로 돈이 없으면 불행한 예가 많죠. 그러니까 돈이 없으면서 행복해질 수 있는 확률보다는 돈이 많으면서 행복해질 수 있는 확률이 상대적으로 더 높은 거 아닌가요? 그래서 저는 확률이 더 높은 쪽에 베팅을 하는 겁니다."

"그러시군요. 자, 그럼 이번에는 이런 가정을 해봅시다. 돈을 많이 모아서 피터 씨가 너무너무 행복한 가정을 이루게 되었다면 그다음엔 또 뭘 할 건가요?"

"네? 그다음이요?"

피터는 이번에도 제대로 답을 할 수 없었다. 왜냐하면 그다음을 생각해본 적이 없기 때문이다. 자기가 성장한 가정과 다른, 즉 행복한 가정을 꾸리는 것이 피터의 유일한 인생 계획이며 삶의 목표였다. 한참을 고민한 끝에 피터가 답했다.

"그 행복을 잘 유지하고… 그러기 위해선 열심히 일을 하고, 또… 그 돈으로 가족과 함께 외국여행도 가고, 그렇게 살아야죠."

"그게 과연 피터 씨의 인생 목적일까요? 이건 다시 말하면, 그걸 이루기 위해 피터 씨가 이 세상에 태어난 거라고 믿느냐 하는 거죠."

"꼭 그런 건 아니지만…. 아무튼 저는 남들과 비교하지 않아도 불행하기만 했던 일들에서 꼭 벗어날 겁니다."

"그렇게 되리라 나도 믿어요. 그런데 피터 씨, 나 같은 늙은이랑 이럴 게 아니라 윌리엄 교수에게 직접 이메일을 보내보는 것은 어떻겠소?"

노신사의 갑작스러운 제안에 피터는 멋쩍은 듯 웃음을 지었다.

"하버드대학교의 교수님이 저 같은 택시 기사에게 답장이나 해주실까요?"

"글쎄요, 해보지 않으면 모르는 일 아니오? 책에 있는 이메일 주소로 편지를 보내보세요. 뜻밖에 교수란 사람들, 바쁜 척하지만 한가할 때도 많답니다. 이런, 벌써 공항에 다 왔구려."

노신사의 말처럼 어느새 목적지인 공항이 보였다. 흥미로운 이야기를 나누다 보니 지루할 틈도 없는 시간이었다.

"행복이라는 카드를 뽑은 것은 선생님인데, 오히려 제가 행복한 시간이었습니다. 선생님의 오늘 말씀, 제게 큰 도움이 되었습니다."

피터의 진심 어린 말에 노신사가 빙긋 웃으며 고개를 저었다.

"그거야말로 내가 하고픈 말입니다. 길이 막히는데도 피터 씨 덕분에 아주 즐거웠소이다. 드림카드도 좋았고, 음악도 좋았습니다. 기회가 되면 또 만납시다. 행복을 빌겠소. 메리 크리스마스!"

"네, 선생님도 해피 뉴 이어!"

노신사는 팁을 넉넉히 지불하고는 공항 안으로 천천히 사라졌다. 피터는 주차장에 차를 세워놓고 한동안 멍하니 하늘만 바라보았다. 노신사의 얘기가 많은 것을 생각하게 했다.

'나는 왜 악착같이 돈을 벌려고 하지? 행복해지기 위해서. 맞아, 그거지. 그런데 정말 돈이 있으면 행복한 걸까? 저 노신사 말처럼 돈을 많이 벌었는데도 행복하지 않으면 어떻게 되지? 그것보다, 내 인생의 목적은 뭐지?'

피터는 이런저런 고민을 하며 그날의 운행을 마쳤다. 그리고 서둘러 미셸이 일하는 마르코 매장을 찾았다. 길 건너편에 택시를 세우고 매장을 건너다보니 화려한 상신구들 사이에서 분주히 일하고 있는 미셸이 보였다.

'내 인생에 미셸이 포함되면 얼마나 좋을까? 그러면 정말 행복할 텐데….'

피터의 눈에 비친 미셸은 세상 어떤 보석보다 아름다웠다. 피터는 당당하게 매장 안으로 들어가 미셸과 밤이 새도록 이야기를 나누고 싶었다. 하지만 용기가 나지 않았다. 사이드미러에 비친 자신의 행색은 미셸의 아름다움에 비하면 너무나 초라했다. 결국 피터는 쓸쓸히 택시를 출발시키며 미셸을 향해 마음속으로 인사를 건넸다.

'안녕, 미셸. 메리 크리스마스.'

마르코 매장의 창문 밖으로 함박눈이 펑펑 쏟아지기 시작했다. 미셸은 잠시 일손을 멈추고는 걱정스러운 눈으로 하늘을 보며 지금쯤 어느 거리를 달리고 있을 피터를 떠올렸다.

'피터, 눈이 많이 오니까 운전 조심해. 메리 크리스마스.'

행복은 어디에서 오는가?

 존경하는 윌리엄 프랭크 교수님께

저는 뉴욕에서 택시 운전을 하는 피터 홀이라고 합니다. 교수님의 책을 읽고 몇 가지 궁금한 점이 생겨서 이렇게 불쑥 메일을 보내게 되었습니다. 결례가 아닌지 모르겠습니다.

책을 읽고 이해가 되지 않는 부분이 있는데, 행복과 불행을 가르는 경계선이 '남들과의 비교'라고 설명하신 곳입니다. 교수님께선 책에서 남들과 비교만 하지 않는다면 언제든 행복할 수 있다고 말씀하셨지만, 현실은 좀 다르다고 생각합니다. 굳이 남들과 비교하지 않아도 그 자체로 불행을 느끼며 사는 사람들을 많이 봐왔습니다.

그리고 행복은 도대체 어디서 오는 것인지요? 앞으로 어떤 목표를 세우고 살아가야 하는 것인지요? 행복하게 살고 싶지만 어떻게 해야 하는지 잘 모르겠습니다. 무식한 사람의 무식한 질문이라 생각하고, 제 투박한 표현을 이해해주세요. 하지만 교수님께서 조언을 해주신다면 큰 힘이 될 것 같습니다.

뉴욕에서

피터 홀 드림

피터는 며칠을 고민한 끝에 책 뒤에 적힌 윌리엄 프랭크 교수의 주소로 메일을 보냈다.

'하긴, 답장이 안 오면 어때? 독서 노트를 쓰듯이 이렇게 내 생각을 글로 정리하니까 이것만으로도 큰 도움이 되는걸.'

메일을 보내고 나자, 보낼까 말까 망설이느라 고민하던 때보다 오히려 마음이 차분해졌다.

그런데 놀라운 일이 벌어졌다.

'진짜로 답장이 왔잖아!'

한 시간도 채 지나지 않아 답장이 도착한 것이다. 피터는 떨리는 가슴을 진정시키며 메일을 클릭했다.

친애하는 피터 홀 씨에게

그러잖아도 메일을 기다리고 있었답니다. 혹시 포기하면 어쩌나 걱정했지요. 사실은 케네디 공항까지 함께 갔던 늙은이가 바로 나였답니다. 일부러 속이려고 한 것은 아니었고, 솔직한 대화를 나누고자 한 것이니 오해는 말아주세요.

미안한 말이지만 솔직히 택시 기사가 내 책을 읽었으리라곤 꿈에도 생각하지 못했답니다. 그런데 감명 깊게 읽었다니…… 겉모습과 직업만으로 사람을 속단한 나 자신이 부끄럽습니다.

나는 그날 피터 씨가 20대 초반의 젊은이답지 않게 독서량이 상당한 것 같아 적잖이 놀랐답니다. 어린 나이에 뉴욕에서 가장 힘들다는 택시 운전을 하고 있고, 그러면서도 꿈과 용기를 잃지 않고 당당하게 살아가는 것 같아 참 보기 좋았지요. 내 눈에는 성공한 CEO 이상이었어요.

자, 거두절미하고 질문에 답을 해볼까요?

남들과의 비교를 경계하라는 것은 행복을 자기 자신에게서 찾으려 하지 않고 다른 사람이라는 거울을 통해서 찾으려는 현대인들의 태도를 비판하기 위해 쓴 말이랍니다.

책을 준비하면서 뉴욕에 거주하는 성인 남녀 1,000명을 대상으로 설문조사를 했어요. '자, 여기 두 가지 세상이 있다. 당신이 1년에 10만 달러를 벌고 다른 사람들이 5만 달러를 버는 세상과 당신이 1년에 25만 달러를 벌고 다른 사람들이 50만 달러를 버는 세상이다. 만일 당신에게 자유롭게 선택할 기회가 주어진다면 어떤 세상을 선택하겠는가?'라는 질문을 던졌더니 대부분 첫 번째 세상을 선택하더군요. 내가 돈을 많이 벌더라도 남들이 더 많이 번다면 행복하지 않다는 것이고, 비록 내가 돈을 많이 벌지 못하더라도 남들보다 많이 벌기만 한다면 더 행복하다는 심리인 것이지요.

많은 현대인이 자신의 주관적인 판단에 따라 행복을 느끼는 것이 아니라 남들과 비교해서 내가 좀더 나을 때만 행복을 느끼고, 그렇지 않으면 불행하다고 느끼고 있어요. 남들과의 비교를 행복과 불행을 가르는 경계선으로 삼고 있다는 얘기입니다.

그러면 여기에서 피터 씨의 두 번째 질문에 대한 답이 저절로 나오지요. 행복은 바로 자기 내면에서 오는 것입니다. 외부가 아니라 말이지요. 어떤 목표를 세우고, 어떻게 해야 하는지는 피터 씨의 내면을 들여다보면 알게 될 겁니다.

좀 막연한 말이지요? 하지만 노력하시기 바랍니다. 그리고 언제라도 좋으니 궁금한 점이 있으면 메일을 보내세요. 이런 질문이라면 언제나 환영입니다. 부족하지만 피터 씨의 멘토가 되어드리리다.

조만간 다시 만나기를 기원하며.

하버드대학교 로스쿨에서
윌리엄 프랭크 드림

"오, 세상에! 그 노신사가 윌리엄 교수였다니!"

피터는 벌어진 입을 다물 수가 없었다.

피터에게는 어떤 선물보다 값지고 감동적인 편지였다. 그런데 뉴욕 브루클린의 하찮은 택시 기사에게 직접 메일을 보내다니. 그 자체가 믿을 수 없는 일이었다. 게다가 기꺼이 멘토를 자청하겠다는 말에 가슴이 벅차올랐다. 피터는 기쁜 마음을 주체할 수 없어 크리스틴 선생님에게 전화를 걸어 자랑을 늘어놓고, 미셸에게도 기쁜 소식을 전했다.

"호호호, 올해 크리스마스 최고의 선물을 받은 사람은 피터 홀이구나!"

"정말 축하해! 피터, 너무나도 멋진 일이야!"

피터는 흥분을 가라앉힌 뒤 곰곰이 자신을 돌아봤다. 어렸을 때부터 자신만 불행하다고 느꼈고, 어른이 된 지금은 남보다 더 돈을 많이 벌고자 아등바등하고 있다. 그런데 윌리엄 교수의 지적처럼 그 기준은 늘 남들, 남들의 시선이었다. 예컨대 키가 작은 것이 문제라기보다는 남들보다 작은 것이 문제였던 것이다. 윌리엄 교수의 메일에 자극을 받은 피터는 조금씩 자신의 미래를 그려보기 시작했다.

'내가 진정으로 바라는, 하늘에 계신 엄마가 바라는 내 미래는 뭐지?'

피터는 자신의 미래를 썼다가 지우고 또 썼다가 지우고를 반복했다. 비록 밑그림일 뿐이었지만 일단 해본다는 것에 큰 의미를 두었다.

내면의 자신에게 질문을 던지고, 답을 하고, 그 답의 허점을 찾아 다시 질문을 던지면서 꼬박 밤을 새웠다. 그러고도 명확히 풀리지 않는 문제는 윌리엄 교수에게 메일을 보냈다.

 교수님, 그러면 비교하려는 생각에서 벗어나 자신만의 행복을 찾기 위해서는 무엇을 어떻게 해야 하나요? 제가 택시 안에서 말씀드렸던 계획, 그러니까 돈을 많이 벌어서 행복한 가정을 꾸린다는 것이 그렇게 잘못된 계획인가요? 나쁜 목표인가요?

이윽고 날이 밝고 아침이 되자, 어김없이 답장이 도착했다.

감히 단언하건대 피터 씨가 택시 안에서 말한 계획들은 사적인 욕망이 만들어낸 헛된 목표에 지나지 않습니다. 미안한 얘기지만, 설혹 그것을 다 이룬다 해도 인생의 빈 공간은 결코 채워지지 않을 것입니다.

내가 보기에 피터 씨는 작은 목표만 있지 인생 전체를 이끌어 가는 목적이 없는 듯해요. 목표와 목적은 분명히 다릅니다. 그래서 내가 단순한 목표가 아니라 높은 차원의 구체적인 목적을 추구하면서 살라고 썼던 것입니다. 삶의 빈 공간을 꽉 채울 수 있는 것, 인생의 의미를 풍족하게 만들어줄 수 있는 것은 분명한 목적을 세우고 이를 실천하기 위해 살아가는 길뿐입니다. 추상적으로 들리겠지만 사랑, 정의, 평화 같은 차원이 높은 것들 말이죠. 나만의 욕망을 충족하기 위한 삶은 늘 공허하지만, 진정한 인생의 목적을 이루기 위한 삶은 늘 기쁨으로 충만합니다.

목적지가 같더라도 목적은 서로 다를 수 있어요. 택시를 타고 공항에 가려는 손님 중에도 비행기를 타려는 사람과 누군가를 마중하러 나가는 사람이 있는 것처럼, 부자가 되겠다는 목적지는 같을 수 있지만 그 돈으로 무엇을 하겠다는 목적은 서로 다를 수 있다는 말이죠. 부자가 된 뒤에 좋은 집, 좋은 차에 비싼 음식만 먹겠다는 사람이 있을 수 있고, 어려운 사람을 위해 기부하겠다는 사람이 있을 수 있습니다. 어떤 것이 더 가치 있는 목적인지는 잘 아시죠?

내가 행복해지기 위해서는 행복해지도록 도와야 합니다. 남들이 행복해지도록 돕는 건 그를 사랑한다는 것과 같은 뜻이지요. 이것이 궁극적인 행복이랍니다. 사랑하는 사람이 이루고자 하는 어떤 목표를 가지고 있다면, 그가 그걸 이룰 수 있도록 도와줘야만 해요. 인류의 수많은 스승과 현자가 찾아 헤매고 발견해낸 행복의 지름길이 바로 여기에 있어요.

'내가 행복해지기 위해서는 우선 다른 사람들이 행복해야 한다고…?'

처음에는 쉽게 이해할 수 없는 말이었다. 하지만 엄마, 크리스틴 선생님, 알렉스 경, 가브리엘, 미셸을 떠올리자 자연스럽게 고개가 끄덕여졌다. 그들은 하나같이 행복한 사람이었다. 자기 자신이 아니라 다른 사람을 도우며 행복해하는 사람들, 피터를 도울 수 있어서 행복하다고 말하는 사람들이었다. 피터는 그들의 도움과 사랑이 없었더라면 하버드 교수와 메일을 주고받는 자신이 존재할 수 없음을 알고 있었다.

"피터, 너 혹시 네 엄마와 아빠의 차이점에 대해서 생각해본 적 있니?"

크리스틴 선생님이 던졌던 질문도 떠올렸다. 윌리엄 교수의 말을 바탕으로 생각을 정리해보니 답이 보였다.

둘의 차이점은 분명했다. 아빠는 목적이 없는 사람이었다. 언제나 하루하루 주어진 삶을 가까스로 살아낼 뿐이었다. 하지만 엄마는 항상 목적을 가지고 있었다. 돈을 벌겠다는 목표는 같았지만, 엄마에겐 그 돈으로 아들에게 좋은 환경을 선물하고 싶다는 분명한 목적이 있었다. 그리고 아빠 입에서는 늘 부정적인 얘기만 나왔지만, 엄마는 항상 긍정적인 면과 가능성부터 얘기했다.

'그렇다면 나는 뭐지? 엄마가 돌아가시고, 아빠는 요양원에 입원한데다가, 가난한 집에서 태어났다는 부정적인 사실을 핑계로 삼고 현실에서 도망만 다녔잖아. 스스로를 방치하고 있었을 뿐이야. 바보같이!'

피터는 스스로 불행한 사람이라고, 뭘 해도 안 된다고 세뇌하면서 다른 이의 도움만 바라왔음을 뼈저리게 깨달았다. 막연하게 복권에 당첨될 날만 기대하고 있었던 것이다. 돈을 많이 벌겠다고 했지만 '어떻게'와 '왜'에 대한 고민은 하지 않았다.

'피터, 설마 아빠처럼 살고 싶은 것은 아니겠지? 그냥 하루하루 시간만 죽이면서 살 생각은 아니겠지?'

피터는 다시 답장을 썼다.

 톨스토이가 《사람은 무엇으로 사는가》에서 '사람은 스스로를 살피고 염려하는 마음으로 살아가는 것이 아니라 사랑으로 살아가는 것이다'라고 했잖아요. 교수님이 제게 하신 말씀도 같은 의미인가요?

윌리엄 교수도 컴퓨터 옆을 떠나지 않고 있었는지, 고맙게도 피터의 이어지는 질문에 실시간으로 답장을 해주었다. 마치 그 날처럼 택시 안에 앉아 대화를 나누는 느낌이었다.

 바로 그거요! 아주 정확해요.
그나저나 이제 강의 시간이 다가오는데, 강의실에 좀 가도 괜찮겠소?

 아, 교수님. 죄송합니다. 중요하지도 않은 제 질문 때문에 귀한 시간을 낭비하신 건 아닌지 모르겠습니다. 교수님의 귀한 말씀, 정말 감사합니다. 가슴에 새겨두고 살겠습니다. 감사합니다.

피터는 예전 소아마비 의사의 말이 생각났다. 그는 '행복은 얼마나 많은 것을 소유하고 누리며 사느냐에 있는 게 아니라, 작은 것이라도 서로 나누면서 사랑하는 마음에 있다'고 했다. 피터는 회사로 향했다. 어느 때보다도 가벼운 발걸음이었다. 그러나 회사는 결코 아름답지 않았다.

"피터, 큰일 났어."

"무슨 일 있어요?"

"오늘부로 라만이 회사를 떠나게 됐대."

"예? 그 성실하고 착하기만 하신 분이 무슨 일로요?"

가브리엘도 너무나 뜻밖의 일이라 망연자실하고 있었다. 라만을 포함하여 동료 네 명이 해고됐는데, 알고 보니 마틴의 꾐에 빠져 도박을 한 게 화근이었다는 것이다. 다들 쉬쉬해서 그제야 알게 되었는데, 마틴 때문에 돈을 잃은 동료가 한둘이 아니라고 했다. 파업 사태 이후 기사들에게서 돈을 뜯을 수 없게 된 마틴이 도박장으로 사람들을 끌어들였던 것이다. 심지어 속임수를 쓰고 있는 것 같다는 말도 나돌았다.

"그러면 마틴 그 자식부터 잘라야죠!"

"휴, 그게 마음대로 안 되니 문제지. 증거도 없고, 괜히 건드렸다가는 자기 자리가 위태로운데…."

분하고 원통했다. 하지만 회사 안에서 마틴과 싸운다는 건 엄두도 낼 수 없는 일이었다. 피터는 도저히 화가 가라앉지 않아 오랜만에 분노조절 호흡법까지 동원해야 했다.

"하나, 둘, 셋, 넷, 다섯…."

어금니를 꽉 깨물며 피터는 자신이 공부를 꼭 해야 하는 이유 하나를 목록에 추가했다.

'불의에 맞서기 위해서라도 공부를 해야 해. 눈앞에서 자행되는 불의를 뻔히 보고도 아무것도 할 수 없는 사람이 되지 않을 테야!'

인생을 바꾸는 목적의 힘

어느덧 한 해 마지막 날이 되었다. 뉴욕에서 가장 유명한 새해맞이 행사는 단연 타임스 스퀘어에서 열리는 '뉴 이어 볼 드롭(New Year's Ball Drop)'이었다. 매년 12월 31일 자정이 되면, 건물 옥상에서 2,000개의 크리스털과 3만 개의 LED조명으로 만들어진 거대한 공이 떨어지면서 새해를 알린다. 특히 10초 전부터 군중이 입을 모아 카운트다운을 외치고, 꽃가루와 함께 공이 떨어지면 키스를 하는 것으로 유명했다.

피터는 내심 타임스 스퀘어에서의 새해맞이를 기대했다. 하지만 거기 가려면 점심때부터 줄을 서야만 했기에 어쩔 수 없이 기대를 접었다. 그래도 피터에게는 지금까지의 어느 해보다 뜻깊은 새해맞이였다. 바로 그의 옆에 미셸이 있었기 때문이다. 둘은 불꽃놀이로 유명한 센트럴파크에 일찌감치 도착해 천천히 호수 주변을 거닐었다. 오랜만에 와보는 센트럴파크의 얼어붙은 호수 위로 차가운 바람이 몰아치고 있었다.

"그 많던 오리는 다 어디로 갔을까?"

노숙자 시절을 회상하며 피터가 중얼거리자 미셸이 확신에 찬 목소리로 대답했다.

"관리인이 실내 동물원으로 옮겨놓지 않았을까? 확실한 건, 오리가 얼어 죽도록 버려두지는 않았을 거라는 거야. 관심을 주고 사랑을 베풀고, 그게 우리 인간이 할 일이니까."

"맞아, 나한테도 그랬지. 그토록 나를 믿어주고 격려해줘서 정말 고마워. 올해는 참 많은 일이 있었던 것 같아. 고등학교 졸업장도 따고, 파업도 하고, 그리고… 미셸도 만나고."

"내년엔 더 많은 일, 더 좋은 일들이 우리를 기다리고 있을 거야."

"미셸의 새해 소원은 뭐야?"

"개인적으로는 매장을 따로 얻어 독립하는 거고, 범우주적으로는 우리 두 사람, 아니 크리스틴 선생님과 알렉스 경까지 모든 사람이 건강하게 열심히 일하면서 행복하게 사는 거야. 피터는?"

"나는 윌리엄 교수님과 메일을 주고받으며 많은 자극을 받았어. 그래서 이제부터라도 '좀더 높은 차원의 분명한 목적'이라는 것에 대해 깊이 고민해보려고 해. 지금까진 눈앞에 보이는 작은 이익에만 급급하며 살아온 것 같아서 후회스러워."

"오, 멋진데?"

미셸의 말투는 장난스러웠지만 거기에는 진심이 담겨 있음을 피터는 알고 있었다. 그는 미셸을 보면서 얼마 전부터 곰곰이 생각해오던 이야기를 풀어냈다.

"그래서 말인데…, 대학 입학에 도전하려고 해. 낮에는 지금처럼 택시 운전을 하고, 밤에는 야간 대학에 다녀볼까 싶어. 알아보니 뉴욕 시립대학교에 법학 전공 야간 과정이 있더라고. 거기서 법을 공부해보고 싶어. 택시를 몰고 파업을 겪으면서 많은 것을 보고 느꼈거든. 가난하고 배우지 못해 힘없는 사람들이 억울한 일을 너무 많이 당하고 있는 것 같아. 그들을 돕고 싶어. 행복해지도록 말이야."

피터의 말에 미셸이 환하게 웃으며 고개를 끄덕였다.

"피터, 정말이야? 드디어 마음을 먹었구나. 그런 결심을 한 네가 정말 자랑스러워. 아마 하늘에 계신 어머니도 좋아하실 거야. 나도 열심히 도울게. 크리스틴 선생님께도 이 기쁜 소식을 전해야겠는데? 아마 최고의 새해 선물이 될 거야. 너를 아는 모두에게 말이야."

"고마워, 미셸. 내 결심이 흔들리지 않도록 많이 도와줘."

"오케이, 좋았어! 엄살 부려도 절대 안 봐줄 거야."

시간이 어느덧 11시 59분을 넘어서고 있었다. 자정이 가까워 오자 사람들의 웅성거리는 소리가 점점 커지면서 서로의 목소리가 잘 들리지 않았다. 그 소란 속에서 피터가 뭐라고 얘길 했지만 미셸은 제대로 듣지 못했다. 그래서 피터를 향해 고개를 돌렸다.

"응? 뭐라고? 잘 안 들려!"

수많은 사람이 입을 모아 숫자를 세는 소리가 밤하늘을 가득 울리고 있었다.

"10, 9, 8…."

"미셸, 우리 행복하게 잘살 수 있을 거야!"

"뭐라고?"

"7, 6, 5…."

피터는 문득 자신이 카운트다운과 함께 하늘로 훨훨 날아오르는 우주선이 되었으면 좋겠다고 생각했다. 미지의 세계로 날아올라, 새로운 세상을 경험하는 그런 우주선.

"… 3, 2, 1."

드디어 1월 1일 0시가 되었다. 새해가 밝으면서 센트럴파크의 하늘이 무지갯빛 불꽃으로 환하게 타올랐다.

"미셸, 사랑해!"

피터는 역시 들리지 않겠거니 생각하고 그동안 마음속에 꼭꼭 숨겨놨던 말을 꺼냈다. 그런데 그때, 미셸과 눈이 딱 마주쳤다.

"나도…."

피터의 목소리를 들을 수가 없게 되자 미셸은 계속 그의 입모양을 보고 있었던 것이다.

미셸의 얼굴이 피터에게 다가왔다. 둘은 오랫동안 길고 긴 키스를 나누었다. 피터는 카운트다운이 멈춘 것처럼 이 순간도 영원히 멈췄으면 좋겠다고 생각했다.

존경하는 윌리엄 프랭크 교수님께

저는 교수님의 가르침대로 눈앞의 작은 이익과 목표에 집착하는 삶에서 벗어나 보다 높은 차원의 분명한 목적을 가지고 살아가기로 결심했습니다.

그래서 여러모로 방법도 생각해보았는데, 우선 드림카드를 더욱 적극적으로 활용하고자 합니다. 제 택시를 타는 손님들의 애환과 고민을 충분히 들어주는, 그들이 진정한 삶의 목적을 발견할 수 있도록 도와주는 사람이 되고자 합니다. 그것이 현재 제가 할 수 있는 최선의 방법이 아닐까 합니다.. 무리한 욕심일 수도 있겠지만, 맨해튼에 사는 부자들이나 할렘의 가난한 이들 모두에게 인생의 궁극적인 목적지는 돈이나 성공, 욕망의 성취가 아니라 서로 사랑하며 함께 행복해지는 것임을 알려주고 싶습니다.

그리고 개인적으로 대학 진학을 준비할 생각입니다. 뉴욕 시립대학교에 법학 전공 야간 과정이 있더군요. 법을 공부해서 법의 도움이 필요한 사람들을 도우려고 합니다. 지난주에 회사 동료 한 명이 부당하게 해고를 당했는데, 아무런 도움을 주지 못해 법률 지식의 필요성을 절실히 느꼈습니다.

저는 배운 게 적고, 아직 어리며, 경험이 많지 않기 때문에 법을 공부하기에 한계가 있습니다. 그래서 교수님께 도움과 가르침을 청하려고 합니다. 모르는 것이 있을 때마다 메일로 귀찮게 해드릴지도 모르겠습니다. 괜찮겠는지요.

교수님을 모셨던 날처럼 제가 택시 기사가 된 것이 기뻤던 날은 없었습니다. 단언컨대 앞으로도 없을 것입니다. 제 앞에 놓인 험난한 인생의 강을 슬기롭게 건너갈 수 있는 튼튼한 징검다리가 생긴 것 같아서 얼마나 감사한지 모릅니다. 그럼 새해 복 많이 받으시고 건강하십시오.

피터 홀 드림

 친애하는 피터 홀 씨에게

내가 쓴 책을 읽고 인생의 목적을 새로 세우게 되었다니 학자로서 더없는 기쁨이고 영광입니다. 뉴욕 사람 모두에게 인생의 궁극적인 목적지를 알려주고 싶다는 피터 씨의 결심은 정말 훌륭합니다. 드림카드를 활용해 다른 사람을 돕고 싶다는 계획 또한 대단히 멋진 목표라고 생각합니다. 그런 결정을 내린 피터 씨에게 멀리서나마 뜨거운 응원의 박수를 보냅니다.

대부분의 사람이 성공한 사람의 대열에 들어가지 못하는 이유는 막연한 목표만 있을 뿐, 확고한 목적이 없기 때문입니다. 뚜렷한 목적이 없다면 인생의 크고 작은 목표들을 이룰 수가 없지요. '누가 내 치즈를 옮겼을까?'만 고민하고 있다면 결코 성공할 수 없는 것입니다. 피터 씨는 그런 사람이 아닌 것 같군요.

그래서 오히려 내가 부탁을 드리겠습니다. 피터 씨의 소망을 이루는 데 미약하나마 나도 힘을 보태고 싶으니 필요한 것이 있으면 언제든 연락 주세요. 시간이 허락하는 한 최대한 친절하고 상세하게 답변을 드리겠습니다. 우리, 함께 공부해보도록 합시다. 끝까지 응원하겠습니다.

당신의 윌리엄으로부터

피터는 스스로 정한 목적을 위해 열심히 노력하기 시작했다. 승객을 내려주고 대기하는 동안에는 단 몇 분이라도 책을 펴 들었다. 그리고 무엇보다 피터의 곁에는 그를 응원하는 이들이 있었다.

'나를 위해 기도하고 응원하는 사람이 있다는 게 이렇게 큰 힘이 되다니…. 도움을 받고, 도움을 주고, 우리라는 이름으로 살아가는 게 이렇게 행복한 것이구나.'

피터는 요즘 들어 사람, 즉 인간관계의 중요성을 절실히 깨닫고 있었다. 크리스틴 선생님과 미셸의 도움, 그리고 윌리엄 교수의 메일 지도가 없었다면 어떻게 되었을까를 생각해보기도 했다. 어쩌면 힘든 하루하루에 지쳐서 적당한 핑곗거리를 내놓고 포기했을지도 모른다.

그렇게 열심히 노력하고 주위의 도움을 받아가며 기를 쓰고 공부한 끝에 피터는 대학 입학 자격시험(SAT)을 통과했다. 그리고 곧바로 뉴욕 시립대 법학과에 입학하는 행운도 붙잡았다. 그동안 꾸준히 책을 읽고 독서 노트를 쓴 덕분에 면접관의 질문에 막힘이 없었던 것이다.

"피터, 공부에 푹 빠지더니 늙은 선생님은 까맣게 잊었나 보구나. 이거 섭섭한데?"

"피터, 나랑 데이트할 시간은 내야 하는 거 아냐?"

"이번 학기에 장학금 받았다며? 대단한데!"

크리스틴 선생님과 미셸, 가브리엘은 저마다의 표현법으로 피터를 응원했다.

대학생이 되고부터 피터는 더 고된 나날을 보내야 했다. 그야말로 눈코 뜰 새 없는 나날이었다. 낮에는 택시에서 고민 상담소를 운영했고, 손님이 없을 때는 공부를 하느라 정신이 없었다. 해가 지면 캠퍼스로 달려가 산처럼 쌓인 법전, 판례집과 씨름했다. 독서와 토론, 발표와 글쓰기로 이루어지는 대학 수업을 따라잡기 위해서는 시간을 쪼개고 또 쪼개가며 살아야 했다.

하지만 피터는 아무리 힘들어도 힘든 줄을 몰랐다. 앞을 향해, 멋진 미래를 향해 나아가고 있음을 스스로 느끼기 때문이었다.

'엄마, 나 보고 있죠? 열심히 살고 있는 제 모습 정말 멋있죠? 엄마를 위해서라도 이제는 포기하지 않을 거예요. 지켜봐 주세요!'

첫 장학금을 받은 날, 피터는 엠파이어스테이트 빌딩 전망대를 다시 찾아 엄마가 있을 밤하늘의 별을 향해 속으로 외쳤다. 그러고 나니 그동안 미루고 미뤄왔던, 마음속에 무거운 짐처럼 남아 있던 일을 해낼 용기가 생겼다.

"나쁜 자식, 하나밖에 없는 아들이라는 놈이 면회 한 번 없더니…. 그래, 이제 와서 개과천선이라도 한 거냐?"

피터를 향해 으르렁대는 사람은 바로 벤저민이었다.

몇 년 만에 만난 아버지는 몰라보게 달라져 있었다. 알코올 중독으로 망가졌던 얼굴이 많이 회복되어 훨씬 좋아 보였다.

"얼굴 보니 잘 지내셨나 봐요."

피터의 인사에 벤저민이 코웃음을 쳤다.

"뭐? 잘 지내셨나 봐요? 어딜 봐서 잘 지내는 걸로 보이냐! 네 눈에는 여기가 파라다이스로 보이냐?"

피터는 그의 말에 주위를 둘러보았다. 푹신한 소파에 앉은 둘 사이로 테이블이 있고, 그 위에는 따뜻한 커피가 김을 모락모락 피워 올리고 있었다. 하지만 벤저민의 말처럼 그 장소의 가장 큰 특징은 격리 수감된 병동의 면회실이라는 것이었다. 지금도 건강한 체격의 남자 간호사가 멀찍이 떨어져서 벤저민을 지켜보고 있었다.

"담당 의사한테 물어보니 치료 잘 받고 계신다면서요. 조금만 더 노력하면 퇴원도 가능하다던데요."

"웃기는 소리, 저놈들 말을 어떻게 믿어? 말 잘 듣는 개처럼 꼬랑지를 아무리 흔들어도 꿈쩍도 안 하는 놈들인데!"

피터는 아버지의 눈에서 억눌린 분노를 읽을 수 있었다. 오랜만에 본 자신도 쉽게 느낄 수 있는데, 그를 늘 지켜보는 의사가 놓칠 리가 없었다. 벤저민이 퇴원하지 못하는 이유는 바로 그 자신에게 있었다.

오랜만에 만나서인지 대화는 매끄럽게 이어지지 못하고 툭툭 끊겼다. 흘끔흘끔 피터의 행색을 살피던 벤저민이 슬쩍 물었다.

"너 요즘 뭐하며 사냐? 내가 이 꼴이 되고 곧바로 집을 나갔다는 소식까지는 들었는데…. 보아하니 부랑자가 된 것 같지는 않고, 어디 갱단에라도 들어갔냐?"

피터는 쓴웃음을 지었다. 사람은 자신이 현재 가진, 딱 그만큼밖에 생각하고 행동할 수 없다는 말이 떠올랐기 때문이다.

"아버지 말처럼 집을 나온 뒤 한동안 거리를 떠돌기도 했어요. 하지만 지금은 택시 운전을 하고 있어요. 그리고… 얼마 전 고등학교 졸업시험에 통과해서 대학에 입학했어요."

"대학? 네가 대학에 입학했다고?"

피터의 말에 벤저민은 벌어진 입을 다물 줄을 몰랐다.

"네, 뉴욕 시립대학교 법학과에 입학했어요. 열심히 공부해서 장학금도 받고 있고요."

"네가? 말도 안 돼…."

벤저민은 믿을 수 없다는 듯 피터를 멍하니 바라보았다. 피터는 용기를 내어 이곳까지 찾아온 이유를 꺼냈다.

"몇 번 찾아오려고 했지만 발길이 떨어지질 않았어요. 술에 취해 인생을 망가뜨린 아버지와 길거리를 떠도는 아들이 만나봤자 할 말도 없을 것 같고요."

"흥, 그런데 이제는 올 용기가 나셨다? 명색이 대학생이 되셨으니 못난 애비한테 자랑이 하고 싶었다 이 말 아니냐?"

피터가 대학생이 되었다는 말에 놀라워하던 것도 잠시, 벤저민은 다시 이죽거렸다.

"맞아요. 아버지 앞에 당당히 설 수 있게 돼서 찾아왔어요. 자랑하고 싶기도 하고요. 엄마가 그토록 바라던 자랑스러운 아들이 됐잖아요."

피터가 신시아 이야기를 꺼내자 벤저민의 눈꼬리가 파르르 떨렸다.

"그리고 아버지한테 꼭 해드리고 싶은 말이 생겼기 때문이에요. 그 말을 하려고 용기를 냈어요."

들을 생각이 있는지 없는지를 확인하려는 듯 피터는 벤저민 쪽을 한번 쳐다보았다.

"저를 이 자리까지 이끌어주신 교수님이 이런 말씀을 해주셨어요."

피터는 아버지를 만나면 들려주려고 메모해둔 쪽지를 꺼냈다. 그런데 막상 그 앞에 앉고 보니 제대로 설득할 수 있을지 막막해졌다. 그때 벤저민이 "그까짓 게 뭔데"라며 쪽지를 휙 나꿔챘다.

목적만 뚜렷하다고 해서 모두 성공하고 행복해지는 것은 아니다. 행복은 그럴 만한 자격이 있는 사람에게만 찾아온다. 먼저 타인을 돕는 도덕적으로 뛰어난 인간, 함께 살 준비가 된 선한 인간이 되어야 한다. 인간의 행복은 선에서 나온다는 아리스토텔레스의 주장처럼 우리는 남을 도울 때 행복해진다. 우리는 상대가 행복해하면 나도 행복해진다는 단순한 진리를 잘 알지 못한다. 성공해서 그 부를 이웃에게 베풀면서 살겠다는 믿음을 인생의 목적으로 삼는 순간, 성공할 수 있을 것이다. 그것이 바로 목적의 힘이다.

"목적의 힘이고 뭐고, 이게 다 무슨 헛소리야?"

말은 그렇게 했지만 벤저민은 혼란스러움을 느꼈다. 그가 아는 피터는 무조건 떼만 쓰고 툭하면 분노를 터뜨리던 아이였다. 마음에 드는 구석이라곤 눈 씻고 찾아도 없던 애물단지일 뿐이었다. 그런데 몇 년 만에 나타난 피터는 예전의 그 아이가 아니었다. 나이만 어른이 된 게 아니라, 말하는 것도 몸가짐도 모두 성숙한 진짜 어른이었다.

"아버지한테는 목적의 힘이 없었던 게 아닐까요?"

"웃기는 소리, 나한테도 그놈의 목적이 있었다고! 이놈의 엿같은 세상, 빨리 돈을 벌어 보란 듯이 잘살자는 목적이 있었단 말이다!"

화가 난 벤저민이 버럭 고함을 쳤다. 그 모습에 피터는 쓸쓸하게 웃으며 고개를 저었다.

"한때 저도 아버지처럼 생각했어요. 돈이 목적이었죠. 하지만 틀렸어요. 돈은 결코 목적이 될 수 없다는 것을 깨달았거든요. 잘못된 목적지를 향해 걸어간 탓에 지금 아버지가 여기 계신 것은 아닐까요?"

벤저민은 그저 기가 차다는 얼굴로 아들을 바라볼 뿐이었다.

"이곳에서 벗어나려면 생각을 바꾸는 수밖에 없어요. 아버지 자신의 행복이 아니라 다른 사람들의 행복을 생각해야 한다고요."

"이런 미친놈! 술에 취해도 단단히 취했나 보네. 그따위 쓸데없는 얘기나 늘어놓을 거면 당장 눈앞에서 사라져. 그리고 다시는 오지 마!"

피터는 테이블을 짚고 일어서는 그에게 카드 한 장을 내밀었다. 피터가 가장 아끼는 '행복' 카드였다.

"아버지가 현실을, 상황을 부정할수록 더욱 불행해질 뿐이에요. 아버지를 위해 기도할게요. 아버지, 사랑해요."

뒤돌아서는 피터의 눈에서 눈물이 흘러내렸다.

그럼에도 불구하고 '굿 럭!'

2001년 9월 뉴욕의 아침 하늘은 어느 때보다 청명했다. 물론 뉴욕 사람들의 주장이겠지만, 지구상에서 가장 아름답다는 뉴욕의 가을이 시작되고 있었다.

출근 시간의 맨해튼은 곳곳이 경적 소리로 들끓었다.

"어서 오세요, 손님, 어디로 모실…."

"세계무역센터로 빨리 갑시다."

택시에 올라탄 손님의 재촉에 피터는 싱긋 웃으며 출발했다. 남자는 한눈에 보기에도 열성적으로 헬스클럽에 다니는 듯한 근육질의 남자였다. 개리라고 자신을 소개한 남자는 피터의 끈질긴 권유에 드림카드를 뽑았는데, 나온 것은 바로 '도움' 카드였다.

"세상에서 가장 아름답고 축복받은 삶은 다른 사람을 도우며 사는 삶이라는 말이 있더군요."

피터가 카드와 관련된 말을 하자 개리가 피식 코웃음을 쳤다.

"내 한 몸 건사하기도 힘겨운 판에 누굴 돕는다고…. 기사 양반, 젊은 나이인 것 같은데 내 충고 한마디 하리다. 그런 헛꿈일랑 빨리 깨는 게 좋다는 거요."

개리는 누군가에 도움을 주고 싶은 마음도 없고, 받고 싶은 마음도 없다고 딱 잘라 말했다. 그리고 자신은 증권회사에 다니는데 회사라는 곳은 남을 돕기 위해 만들어진 게 아니라고 했다. 그리고 자신은 그 거대 조직의 부속품에 불과하다는 말도 덧붙였다. 한마디로 '나는 나, 너는 너'라는 뜻이었다. 그러면서도 꽉 막힌 길 때문에 심심했는지 다른 카드를 두 장 더 뽑았는데 '봉사'와 '희생'이 연이어 나왔다.

"그것 참 이상하네. 왜 나랑은 전혀 상관없는 카드만 뽑히지?"

"선생님은 상관없다고 생각하지만, 사실은 아닐 수도 있지 않을까요?"

피터가 슬쩍 되묻자 개리가 피곤하다는 듯 한숨을 푹 내쉬었다.

"내 꿈이 뭔지 알아요? 하루라도 빨리 목표로 한 돈을 벌어서 고향으로 돌아가는 겁니다. 낚시나 하면서 여생을 보내는 게 유일한 희망이죠. 바로 이 서류가방 안에 그 희망이 들어 있어요. 오늘 세계무역센터에서 중요한 계약이 있거든요."

피터는 자주색 서류가방을 툭툭 두드리며 택시에서 내리는 그에게 꼭 계약이 성사되기를 바란다며 인사를 건넸다.

"굿 럭!"

한적한 거리에 정차한 피터는 늦은 아침을 함께 먹기로 약속한 가브리엘을 기다리며 《호밀밭의 파수꾼》을 읽기 시작했다. 다시 읽어보니 이전에는 보이지 않던 행간의 뜻까지 눈에 쏙쏙 들어왔다. 그때는 몰랐던 것을 나이를 먹으니 알게 된 것이다. 주인공 홀든이 여동생 피비를 만날 때쯤, 가브리엘이 도착했다.

"아, 형님. 오셨어요?"

"자네는 오늘 무슨 카드를 뽑았나?"

만날 때마다 아침에 뽑아본 드림카드가 무엇인지 묻는 게 두 사람의 버릇이었다.

"저는 끈기요."

"난 평정심을 뽑았어."

"부디 평화로운 하루가 되길 바랍니다."

"하하하. 그래야지. 자네도 끈기를 가지고 오늘을 버티라고."

그때였다. 우르릉 꽝!

가브리엘의 웃음이 채 가시기도 전에 세상이 무너지는 듯한

굉음이 들렸다. 둘은 반사적으로 몸을 움츠리며 소리가 난 쪽을 돌아보았다. 세계무역센터 북쪽 건물 꼭대기 부근에서 불꽃과 함께 검은 연기가 치솟고 있었다. 도저히 믿을 수 없는 상황이었다. 오전 9시가 조금 못 된 시각이었다. 사람들이 놀라서 거리로 몰려 나왔다.

"오, 하느님! 이게 대체 무슨 일이야?"

월스트리트는 순식간에 아수라장이 되었다. 거리에는 비명을 지르며 울부짖는 사람들로 넘쳐났다. 피터 역시 어찌할 바를 몰라 멍하니 서 있기만 했다. 무슨 상황인지 감이 잡히지 않았다. 그때였다. 비행기 한 대가 세계무역센터 남쪽 건물로 돌진했다. 눈 깜짝할 사이에 하늘이 무너지는 소리와 함께 엄청난 불길이 치솟으며 건물이 검은 연기에 휩싸였다. 어딘가에서 요란한 사이렌 소리가 들려왔다. 수십 대의 경찰차, 구급차, 소방차가 월스트리트로 모여들고 있었다.

"피터, 현장에 도움이 필요할 거야. 어서 가보자!"

피터와 가브리엘은 급하게 차를 몰아 사고 현장에 최대한 가까이 접근했다. 경찰의 통제로 더는 진입할 수 없는 지점에 이르자 둘은 차에서 내려 무작정 뛰기 시작했다.

세계무역센터 남쪽 건물에 도착하니 실상은 더욱 참혹했다. 경찰관과 소방관들조차 당황해 허둥대고 있었다. 워낙 높은 건물에서 일어난 대형 참사라 어디부터 손을 써야 할지 감이 잡히지 않았던 것이다. 다행히 건물 아래층에 있던 사람들은 탈출에 성공했지만, 위층은 방법이 없었다. 유리창을 열고 손을 흔들며 구조를 요청하던 사람들이 불길과 연기를 견디다 못해 건물 밖으로 하나둘씩 뛰어내렸다.

"맙소사, 안 돼!"

모여든 사람들의 입에서 비명이 터져 나왔다. 산목숨이 그대로 바닥으로 떨어지고 있었다. 가브리엘은 그런 비극을 지켜볼 여유가 없다는 듯이 피터를 끌고 건물 안으로 뛰어들었다. 사람들에게 밀려 계단에 깔린 사람, 다리가 부러진 사람, 거동이 불편한 노인 등 건물 안은 그야말로 부상자들로 꽉 차 한 걸음을 떼기가 힘들 정도였다. 피터는 가브리엘과 함께 부상자들을 눈에 보이는 대로 건물 밖으로 끌어내기 시작했다.

"빌딩이 곧 무너질지도 모릅니다! 빨리 밖으로 대피하세요! 어서 밖으로 나가요!"

경찰관들과 소방관들이 이리저리 뛰어다니며 고함을 질러 사람들을 대피시켰다. 그때였다. 밖으로 빠져나오던 가브리엘과 피터의 귀에 누군가의 다급한 목소리가 들려왔다.

"5층 엘리베이터 앞에 다리를 다쳐 움직이지 못하는 사람이 있어요!"

둘은 누가 먼저랄 것도 없이 건물 안으로 다시 뛰어들었다. 하지만 엘리베이터는 작동을 멈춘 상태였다.

"자네는 서쪽 계단으로 올라가. 나는 동쪽 계단으로 가볼게."

"형님, 부디 몸조심하세요."

"그래, 자네도."

피터는 계단을 통해 무작정 위로 올라갔다. 하지만 정신없이 뛰어 내려오는 사람들로 혼잡스러워서 그들을 뚫고 올라가기가 여의치 않았다. 그때 피터의 눈에 자주색 서류가방이 들어왔다. 택시에서 만났던 개리라는 남자였다. 피터는 그의 팔을 낚아채며 도움을 요청했다.

"개리, 5층에 부상자가 있답니다. 같이 올라갑시다."

하지만 개리는 공포에 질린 표정이었다. 피터가 누군지 알아보지도 못했다.

"제발! 당신 같은 남자의 도움이 필요합니다!"

잠시 머뭇거리던 개리는 고개를 가로저었다. 그리고 사람들의 물결에 떠밀려 아래로 내려갔다. 그렇게 눈앞에서 자주색 가방이 사라졌다. 어쩔 수 없었다. 강요할 수는 없는 문제였다.

5층에 도착한 피터는 이리저리 뛰어다닌 끝에 피를 흘리며 쓰러져 있는 한 남자를 발견했다. 가브리엘의 모습은 보이지 않았다.

"이봐요! 괜찮아요? 내 말 들려요? 여기서 빨리 나가야 합니다. 제게 업히세요!"

남자는 충격과 고통으로 말을 잇지 못한 채 가까스로 피터의 등에 몸을 의지했다. 하지만 문제는 남자의 몸집이었다. 남자는 6피트가 넘는 키에 몸무게도 90킬로그램이 넘어 보이는 거구였다. 피터의 작은 키로는 도저히 감당이 안 됐다. 피터가 안간힘을 써도 남자의 다리가 바닥에 질질 끌렸다. 하지만 피터는 한 발 두 발 내디디며 계단을 내려가기 시작했다. 불길과 매캐한 연기가 점점 아래층으로 내려오고 있었다. 3층까지 내려왔을 때, 피터의 체력은 한계에 다다랐다.

"헉헉, 선생님, 잠깐만 쉬었다 가겠습니다. 조금만 참으세요. 거의 다 왔습니다."

"저 때문에…, 정말 고마워요. 이 은혜는…."

"힘드니까 말씀은 많이 하지 마십시오."

그런데 이미 풀려버린 다리가 말을 듣지 않았다. 포기하고 싶었다. 무모한 일이었다는 생각도 들었다. 그때였다. 바닥에 나뒹굴고 있는 자주색 가방이 눈에 들어왔다. 개리의 가방이었다. 이번 계약만 성사되면 꿈에 한 발짝 더 다가갈 수 있다고 흥분하던 개리의 희망이 바닥에 나뒹굴고 있었다. 어떻게 된 일일까. 하지만 지금은 그걸 신경 쓸 틈이 없었다. 어떻게든 이 환자를 건물 밖으로 끌고 나가야 한다. 피터는 이를 악물고 다시 일어섰다.

가까스로 2층까지 내려온 순간, 피터는 기적을 보았다. 그의 눈앞에 개리가 있었다. 그는 혼자가 아니었다. 등에는 할머니를

업고, 가슴에는 어린 소녀를 안고 계단을 내려가고 있었다. 유일한 희망이라던 서류가방을 내던지고, 대신 두 사람의 생명을 품은 개리의 어깨가 무척이나 넓어 보였다. 개리는 피터와 눈이 마주치자 씽긋 웃어 보였다. 피터도 힘을 내라고, 같이 힘을 내자고 웃어 보였다.

드디어 1층 로비가 보였다. 피터와 개리가 부상자를 구출해 막 건물을 빠져나왔을 때였다. 갑자기 여기저기서 카메라 플래시가 터졌다.

"부상자를 어디서 구조하신 겁니까?"

"지금 구조하신 분의 이름과 나이, 직업은 뭡니까?"

"어떻게 이 일을 하시게 된 겁니까?"

사고현장에 급파된 기자들의 질문이 속사포처럼 쏟아졌다. 피터와 개리는 대답할 겨를도 없이 구급차부터 찾았지만 운전할 사람이 없었다. 죄다 구조에 투입된 탓이었다. 피터는 자신이 택시 기사임을 밝히고 직접 운전대를 잡았다. 개리가 구한 할머니와 소녀까지 태우고는 시동을 걸었다. 개리는 현장에 남아 더 도울 일이 없나 살펴볼 테니 조심해서 운전하라며 엄지손가락을 치켜세우고 말했다.

"고맙습니다. 당신은 내게 평생 잊지 못할 기회를 줬어요. 어서 출발하세요. 굿 럭!"

피터는 개리에게 동쪽 계단을 통해 올라간 가브리엘의 안부를 알아봐 달라고 소리쳤다. 하지만 주위의 소음에 묻히고 말았다.

평소보다 대여섯 배나 시간이 걸려 도착한 세인트 빈센트 병원에 부상자들을 눕히고 다시 돌아왔을 때, 이미 건물은 형체도 없이 사라진 뒤였다. 자욱한 분진 구름이 가을 하늘을 뒤덮고 있었다. 그 거대한 건물이 먼지로 변해버리다니 믿을 수가 없었다.

'가브리엘! 아, 가브리엘!'

피터는 애타게 가브리엘을 부르며 현장으로 다가가려 했다. 그러나 몇 걸음 떼지도 못하고 경찰들에게 제지당했다.

"제발, 제발 저 좀 들어가게 해주세요. 제발…. 우리 형님이 아직 나오지 못했단 말입니다!"

"이러면 당신도 위험합니다. 돌아가세요. 우리가 꼭 구조하겠습니다."

피터는 무턱대고 지나가는 사람들을 붙잡고 수소문하기 시작했다.

"이봐요! 가브리엘 모르세요? 5층에 부상자를 구하러 올라갔는데…. 남들만 돕고 살던 바보 같은 사람인데…. 누가 좀 도와주세요. 제발 좀 구해주세요. 예?"

피터는 혹시라도 부상자 틈에 끼어 있을까 싶어 병원으로 돌아가 찾아봤지만 헛수고였다. 그때 주머니에서 벨 소리가 들렸다.

"피터, 괜찮아? 지금 어디야? 텔레비전에 나온 사람, 자기 맞지. 정말 괜찮은 거야?"

주요 언론사들이 현장을 생방송으로 내보내고 있었기 때문에 피터의 모습도 잡힌 것이다.

"나, 나는 괜찮아. 지금 세인트 빈센트 병원인데…. 가브리엘 형님이 보이지 않아. 미셸, 어쩌지? 흑으으. 제발 살아 있어야 하는데…."

병원 복도에 주저앉아 얼마나 눈물을 흘렸을까. 피터의 눈에 아까 둘러업고 나온 남자가 보였다. 피터가 다가갔을 때 의사가 그에게 한쪽 다리를 잘라내야 한다고 상황을 설명하고 있었다. 그런데 남자를 치료하는 의사가 눈에 익었다. 바로 예전에 피터의 택시를 탔던, 삶의 목적에 대해 이야기하며 그를 한없이 초라하게 만들었던 소아마비 의사였다. 아마도 누구보다 먼저 달려왔으리라.

피터를 보더니 환자가 먼저 말을 건넸다.

"오른쪽 다리를 무릎부터 잘라야 한답니다. 허허허."

피터는 그가 다리를 잃게 된 게 꼭 자기 탓인 것만 같아 어쩔 줄을 몰라했다.

"죄송합니다. 제가 조금만 더 서둘렀더라면…."

"아, 아닙니다. 별말씀을요. 대신 제게 건강한 두 팔과 한쪽 다리를 남겨주지 않았습니까? 조금만 늦었더라도 전 이 세상 사람이 아니었을 겁니다. 이 은혜를 어떻게 보답해야 할지 모르겠습니다. 정말 감사합니다."

남자는 진심을 담아 얘기했다.

"참, 연락처를 알려주십시오. 퇴원하면 꼭 한번 찾아뵙겠습니다. 사례를 좀 해야 마음이 편하겠습니다. 제가 이래 봬도 좀 잘나가는 펀드매니저랍니다."

"아닙니다. 다른 어려운 사람들을 도와주시면 그게 더 기쁘겠습니다."

피터가 정중하게 인사하고 고개를 돌리자, 기다렸다는 듯이 의사가 그를 향해 인사를 건넸다.

"오랜만입니다."

피터는 깜짝 놀랐다. 자신은 그를 기억해도, 그는 자신을 기억하지 못하리라 생각했기 때문이다.

"저를 잊지 않으셨군요?"

"그럼요. 잠깐의 만남이었지만, 이상하게 머릿속에서 떠나지 않더군요. 그런데… 그때와 얼굴이 많이 달라진 것 같습니다. 훨씬 멋있어진 것 같아요."

두 사람은 반가운 마음에 좀더 이야기를 나누고 싶었지만, 그럴 상황이 아니었다. 응급 환자가 끊임없이 밀려들고 있었다.

'감사합니다. 당신은 위대한 선생님이세요!'

다른 응급환자를 치료하기 위해 절룩거리며 멀어져가는 의사를 보며 피터는 미소를 지었다. 목발의 의사도 멀어져가는 피터를 향해 환한 웃음을 지었다.

'당신이 특별한 사람이 될 거라고 예상하고 있었어요. 당신은 결코 난쟁이가 아닙니다. 제가 그랬죠? 행복은 바이러스처럼 낯선 사람한테 감염되기도 한다고요.'

절망이 엄습한 최악의 날이었지만, 행복이라는 바이러스는 언제나처럼 힘을 내고 있었다. 인간의 삶이 수많은 절망 앞에서도 이어지는 이유였다.

키 작은 영웅

일주일이 지나도 가브리엘은 돌아오지 않았다. 피터는 넋이 나간 사람처럼 식음을 전폐한 채 시름시름 앓았다.

'가브리엘, 정말 죽은 거예요? 아니죠? 제발 돌아와 줘요.'

하지만 피터는 쉽게 절망하고, 쉽게 포기하는 과거의 그가 아니었다. 지금의 그에게는 절망을 이겨내는 힘이 있었다. 크리스틴 선생님과 미셸의 따뜻한 위로가 있었고, 무엇보다 한 통의 편지가 큰 도움이 되었다. 바로 그날 월스트리트에서 만난 개리의 편지였다.

존경하는 피터 홀 씨에게

그날 계단에서 저를 붙잡아 세웠던 당신의 손이 저의 인생을 바꿔놓았습니다. 사실, 저는 해병대 출신입니다. 제가 만일 혼자만 살자고 그대로 도망쳤다면, 아마 평생 괴로움에 시달렸을 겁니다. 함께 전쟁을 치를 수 있게 기회를 주신 점 감사드립니다. 선생님의 택시에서 제가 뽑았던 '봉사', '희생'이라는 단어를 꼭 간직하고 살겠습니다.

아, 그리고 제 얼굴이 뉴스에 나간 것이 계기가 되어 더 큰 계약을 추진하게 되었습니다. 만일 그 계약을 통해 돈을 많이 벌게 된다면, 남을 돕는 좋은 일에 쓰고자 합니다. 그것은 바로 추모 박물관을 세우는 것입니다. 저의 어릴 적 꿈은 박물관 관장이었습니다. 막연하게만 생각했었는데, 9·11 사건의 피해자들을 추모하는 박물관이라면 의미가 클 것 같습니다. 만일 제 꿈이 이루어진다면 그 역시 당신 덕분입니다. 감사합니다.

뉴욕의 작은 거인에게,
영원한 전우 개리 드림

'내가 누군가에게서 '존경하는'이라는 말을 듣게 되다니…'

피터는 기분이 이상했다. 한때 자신의 이름 앞에는 '이상한'이라는 꼬리표가 달려 있었다. 그런데 정반대의 '존경'이라는 말이 붙다니, 낯설기만 했다.

그뿐만이 아니었다. 피터는 난감한 상황에 처해 있었다. 9·11 테러 당시 키 작은 영웅의 맹활약이 수많은 언론 매체에 소개돼 큰 반향을 일으킨 것이다. 수많은 방송사가 방송에 출연해달라고 연락을 취해왔다. 하지만 피터는 한사코 거절했다. 끔찍한 경험을 입에 올리기도 싫었고, 자신이 한 일은 당연한 행동이지 그렇게 자랑할 만한 일은 아니라는 생각에서였다.

"기껏 한 사람의 목숨을 구한 것뿐인데, 왜 이러는지 모르겠어."

"피터 생각도 맞아. 하지만 바꿔 생각해볼 필요도 있는 것 같아. 지금 테러로 절망에 빠진 사람들은 희망을 찾고 있어. 영웅을 보며 위로받기를 원한다고. 그들에게 자기가 위로와 희망을 줄 수 있다면 정말 뜻깊은 일 아닐까?"

"그런 걸까? 내가 사람들 앞에 나서도 괜찮은 걸까?"

"피터, 힘내. 개리라는 분을 변화시킨 것도 자기의 희생정신이잖아. 자기에게 그런 정신을 나눠준 사람이 바로 가브리엘 아저씨고. 나는 피터에게 남겨진 의무가 있다고 믿어. 바로 가브리엘 아저씨의 정신을 널리 퍼뜨리는 것 말이야. 자신의 정신을 다른 누군가가 이어받았다고 생각하면, 아저씨도 저 하늘에서 웃음 짓지 않을까?"

"행복 바이러스처럼 희생정신도 널리 퍼뜨릴 수 있다는 뜻이지?"

"그래, 바로 그거야!"

피터는 미셸의 충고를 받아들여 방송 출연을 결심했다. 그래야 가브리엘의 죽음이 헛되지 않으리라는 생각에서였다.

NBC의 간판 프로그램인 〈앤더슨의 투데이 쇼〉는 오늘따라 더욱더 집중적인 스포트라이트를 받았다. 9·11테러에서 시민의 목숨을 구한 영웅이 특별 초청된다는 소식 때문이었다. 눈부신 조명과 수많은 방청객의 호기심 어린 눈빛 앞에 선 사람은 키 작은 영웅, 피터 홀이었다.

피터는 잠시 숨을 고르고는 천천히 이야기를 풀어나갔다.

"우리가 타는 인생이라는 택시는 늘 생과 사의 교차로에서 정차 중입니다. 언제 어떻게 죽음을 맞이할지 아무도 알 수가 없습니다. 산다는 것과 죽는다는 것은 백지 한 장 차이에 불과합니다. 삶의 곁에는 늘 죽음이 도사리고 있습니다. 그래서 우리는 아침마다 서로에게 '굿 럭!'이라고 인사를 건넵니다. 운행을 마치고 들어와서도 인사를 주고받습니다. 제게도 그런 동료가 한 명 있었습니다. 바로 가브리엘이란 분입니다.

세상에 태어나 남에게 해악만 끼치다 가는 사람이 있고, 해를 끼치지는 않지만 자기 자신밖에 모른 채 살다가 가는 사람이 있습니다. 그리고 다른 사람들을 돌보고 이롭게 하는 삶을 살다 가는 사람도 있습니다. 그중에서 많은 사람을 이롭게 하는 일, 그것이 바로 인간이 존재하는 목적이라고 감히 말씀드리고 싶습니다.

제 친구 가브리엘이 그런 분이었습니다. 아무도 가브리엘에게 남을 도우라고 강요하지 않았지요. 하지만 그는 목숨을 걸었습니다. 그다음엔 뭐가 남았나요? 누군가는 허무한 죽음이라고 대답할 겁니다. 그러나 저는 확신합니다. 절대 그렇지 않다고요. 그렇다면 그가 남긴 것은 무엇일까요?

우리는 바로 그걸 찾아야 합니다. 그가 우리에게 남기고 간 것을요. 저는 당시 지옥 같았던 현장에서 수많은 죽음과 슬픔을 목격했습니다. 그날 이후 제게 주어진 하루하루가 얼마나 소중하고 의미 있는 것인지를 뼛속 깊이 실감할 수 있었습니다. 그 깨달음이 바로 고귀한 희생자들이 우리에게 남기고 떠난 선물일 것입니다."

피터의 말에 방청석 여기저기에서 눈물을 훔치는 사람들이 보였다. 피터는 천천히 말을 이어나갔다.

"지난 9월 11일, 110층 고층건물이 테러범들에 의해 허망하게 무너졌습니다. 하지만 그날 타인을 위해 주저없이 목숨을 바친 영웅들의 고귀한 희생이 있었기에, 저는 완벽한 제로가 아니라고 생각합니다. 우리는 다시 시작할 것입니다. 다시 처음부터 쌓아 올릴 것입니다. 우리 모두 자신에게, 그리고 서로에게 인사를 전

합시다. 굿 럭!
감사합니다."

피터의 말이 끝나자 수많은 방청객이 일어나 일제히 박수를 보냈다. 박수 소리는 끝날 줄 모르고 계속 이어졌다.

방송 출연 다음 날 윌리엄 교수에게서 메일이 왔다. 방송을 감명 깊게 봤다며, 학술 세미나가 있어 곧 뉴욕을 방문하는데 함께 저녁을 먹자는 제안이었다.
"오, 피터! 반갑네. 9·11의 영웅을 직접 만나다니 영광이네."
"별말씀을요. 오랜만에 뵙습니다, 교수님."
며칠 뒤 오랜만에 만난 두 사람은 뜨겁게 포옹하며 사제간의 정을 나누었다. 둘은 밤이 새도록 이야기꽃을 피웠다. 피터가 택시 안에서 만났던 승객들에 대한 이야기, 택시를 몰며 공부하는 것의 고충과 희열, 9·11 테러의 끔찍함, 가브리엘의 희생, 하버드 학생들의 향학열 등 이야기는 꼬리에 꼬리를 물고 이어졌다. 그렇게 아침을 맞았지만 두 사람은 피곤한 줄도 몰랐다.
윌리엄 교수는 헤어지면서 피터에게 의미심장한 말을 남겼다.
"새삼스러운 말이지만 자넨 참 대단한 친구야. 다른 사람들은 한 가지도 제대로 하기 어려운데, 서너 가지 일을 거뜬히 해내니 말이야. 아무쪼록 포기하지 않고 열심히 노력하면 목적을 꼭 이루게 될 걸세. 머지않아 분명히 좋은 소식이 있을 거야. 그럼 또 보자고."

피터는 윌리엄 교수와 헤어지면서 그를 처음 만났던 날을 떠올렸다. 그날 윌리엄 교수가 뽑은 카드는 '행복' 이었다. 피터는 그가 아니었더라면 지금의 '행복한 피터' 도 없을 거라는 생각이 들었다. 그저 하루 벌어 하루 먹고사는 데 급급한 택시 기사로 살고 있을 것이다. 영화 〈택시 드라이버〉에서 로버트 드니로가 연기했던 뉴욕의 택시 기사 트래비스 비클처럼 말이다. 영화 포스터에 등장하는 트래비스는 허름한 점퍼 주머니에 손을 넣고 고개를 떨어뜨린 채 걷고 있다. 삶의 의욕이라곤 찾아볼 수 없는 모습으로. 그리고 그의 발밑에는 한 줄의 카피가 적혀 있다.

"모든 도시의 거리에는 뭔가가 되고 싶어하는 하찮은 사람들이 있다."

피터는 거리의 하찮은 부랑자였던 자신이 꿈을 꾸고, 꿈을 향해 달려갈 수 있도록 도와준 윌리엄 교수에게 다시 한 번 깊이 고개 숙였다.

'감사합니다. 교수님.'

구름 한 점 없이 화창한 5월이었다. 뉴욕은 여전히 테러의 공포에서 벗어나지 못했지만, 그래도 사람들은 어김없이 새로운 희망을 향해 다시 분주하게 움직이고 있었다. 뉴욕 시립대학교로 꽃다발을 들고 삼삼오오 모여드는 이들도 그랬다. 바로 졸업식 날이었다. 끝이 아닌, 새로운 희망을 향해 출발하는 날.

"마틴이 배가 아파 죽으려고 하더군. 우리가 사장한테 이구동성으로 여기 안 보내주면 회사 그만둔다고 했거든. 그랬더니 마틴은 비번인데도 출근하라는 지시를 받았다지 뭐가. 하하하."

졸업식에 와준 동료들 중 한 명이 리처드 콜 사장의 축하 메시지와 함께 회사 분위기를 전해주었다. 옐로우 캡 창사 이래 택시를 몰면서 대학을 졸업한 사람은 피터, 단 한 명뿐이었다. 평소 같았으면 가브리엘이 자기 일처럼 기뻐하며 달려왔을 것이다. 그가 이 기쁨을 함께하지 못한다는 사실이 피터를 우울하게 했다. 하지만 그의 주위에는 크리스틴 선생님과 미셸, 알렉스 경, 그리고 동료들이 있었다.

드디어 졸업식이 시작되었다.

"다음은 최우수 졸업생에 대한 시상이 있겠습니다. 호명하는 학생은 연단으로 나와주시기 바랍니다. 총장님께서 직접 시상하시겠습니다. 최우수 졸업생은, 법학과 야간 과정 피터 홀 씨입니다. 4.5점 만점에 4.485점으로 주·야간 통틀어 최고의 성적을 기록했습니다."

함성과 함께 박수 소리가 강당을 가득 메웠다. 피터는 떨리는 마음을 다잡고 천천히 연단으로 올라갔다. 졸업식장에 모인 수많은 하객의 시선이 일제히 피터에게로 쏠렸다. 피터는 미셸이 짧게 줄여준 졸업식 가운을 걸친 모습으로 총장 앞에 섰다. 총장이 악수로 반기며 피터를 연단으로 이끌었다.

"존경하는 총장님, 그리고 여러 교수님과 교우 여러분, 정말 감사합니다. 최우수 성적을 기록했다는 것보다 무사히 졸업을 하게 되었다는 사실이 더 감격스럽네요. 노숙자 출신인 저 혼자의 힘으로는 도저히 할 수 없었던 일이기 때문입니다. 이 모든 영광을 미셸, 크리스틴 선생님, 하버드의 윌리엄 교수님, 천국에서도 할 일이 많아 하늘로 먼저 올라가신 대천사 가브리엘 형님께 돌립니다. 그리고 지금 이 시각에도 뉴욕 시민의 친절한 발이 되고 있을 모든 택시 기사님께도 고맙다는 인사를 드립니다. 마지막으로, 제 어머니께서 일찍 돌아가셨기 때문에 사랑한다는 말을 많이 못 해드렸습니다. 이 자리에 오셨으면 얼마나 좋아하셨을까요? 엄마, 사랑해요! 제 얘기 들리시죠? 여러분, 감사합니다."

피터의 졸업 연설이 끝나자 모든 졸업생이 함성을 지르며 사각모를 날렸다. 모두의 새로운 꿈과 희망이 하늘 높이 날아올랐다.

하버드 로스쿨

 "피터! 이제 졸업도 했으니까 좋은 시절 다 간 거야, 쿵쿵. 이제부터 다시 밤에 운전 시작해. 그동안 공부 핑계로 어영부영했던 거 다 보충하란 말이야. 네가 고졸이든 대졸이든 택시 운전사라는 사실 잊지 말고. 알았어?"

 졸업식이 끝난 후 마주칠 때마다 마틴은 트집을 잡거나 잔소리를 해댔다. 하지만 그때마다 피터는 가볍게 웃어넘겼다. 그만큼 마음의 키가 자란 셈이다.

 '내가 이를 악물고 공부할 수 있었던 이유 중에 하나가 바로 당신 때문이었던 거 모르지? 그러고 보면, 오히려 고맙다고 인

사를 해야 하나?'

학업에 대한 부담을 던 피터는 이전보다 더 열심히 택시 운전에 충실했다. 9·11 테러 당시 맹활약을 펼친 택시 기사가 뉴욕 시립대학교를 최우수 성적으로 졸업했다는 사실이 온갖 매체를 통해 알려졌다. 그래서 피터를 알아보는 사람도 많아졌다. 피터의 택시를 알아보고 경적을 울리는 승용차 운전자도 있었고, 피터에게 법률적 조언을 구하는 승객도 있었다. 사인을 해달라는 사람도 적지 않았다.

"유명인사 때문에 괜히 우리만 힘들어지는걸."

"그래도 옳은 일을 하고 있다는 생각 때문인지 예전보다 기분은 한결 좋은 것 같아."

"맞아, 나도 요즘에는 운전하는 게 예전보다 훨씬 즐겁더라고!"

옐로우 캡에 놀라운 일이 일어나고 있었다. 동료들이 피터를 본받아 승객에게 친절하게 대하기 시작한 것이다. 교통법규를 지키며, 과속이나 난폭 운전을 삼가려는 이들의 노력에 승객도 자연스레 늘어났다.

당연히 회사 매출도 꾸준히 증가하면서 회사 내에서 피터의 입지는 날로 강화되었다. 하지만 얼마 지나지 않아 피터는 전혀 다른 세계로 옮겨 가게 되었다.

윌리엄 교수에게서 연락이 온 것은 대학을 졸업하고 한 달쯤 지난 뒤였다.

"잘 있었나? 요즘 자네 덕분에 내가 대신 인사를 받고 있다네. 자네의 성공 스토리는 하버드에서도 단연 톱뉴스니까 말이야."

"교수님, 너무 비행기 태우지 마세요. 성공 스토리라니요."

피터가 쑥스러워하자 윌리엄 교수가 말했다.

"비행기는 아직 타지도 않았는데, 무슨. 이제 진짜 비행기를 타보는 게 어떻겠나?"

"그게 무슨 말씀이신지…."

"진짜 성공 스토리를 써보자는 말일세. 자네 하버드 로스쿨에 입학해서 공부해볼 생각 없나? 아니, 생각할 필요도 없이 그렇게 했으면 좋겠네."

"그건 말도 안 됩니다, 교수님! 제, 제가 어떻게 하버드에…."

피터는 자기 귀를 의심했다. 하지만 윌리엄 교수는 확신에 찬 어조로 말을 이었다.

"나와 함께 하버드에서 공부하세. 택시 기사로 열심히 일하는 것도 물론 값진 인생이지. 하지만 자네는 더 큰일을 해야 하는 사람이라고 나는 확신하네. 자네가 로스쿨을 졸업하고 판검사나 변호사가 된다면 더 많은 사람을 위해 보람 있는 일을 할 수 있지 않겠나?"

전화를 끊고 한동안 머릿속이 텅 빈 느낌이었다. 너무나 느닷

없는 제안이었다. 대학교에서 법학을 전공했지만, 자신이 직접 변호사나 판검사가 되겠다는 생각은 한 번도 해본 적이 없었다.

'내가 하버드대학교 로스쿨에 입학한다고? 그래서 장차 판검사, 변호사가 된다고?'

피터는 이제 겨우 대학의 야간 과정을 졸업했을 뿐이고, 여전히 택시 운전으로 생계를 이어가고 있었다. 그런데 어떻게 세계 최고의 수재들만 모이는 하버드 로스쿨에 들어갈 수 있단 말인가. 그건 도저히 불가능한 일이었다.

하지만 모두가 피터의 생각과 같은 것은 아니었다. 크리스틴 선생님은 몇 년 새 많이 늙으셨음에도 이 기회를 놓치면 다시는 얼굴 안 볼 거라고 못을 박았다.

미셸 역시 마찬가지였다.

"만약에… 도전하지 않으면 어떨 것 같아?"

"솔직히 말하면, 후회할 것 같아."

"그럼 뭐가 문제야?"

"그, 그게…."

미셸이 답답하다는 표정으로 그를 바라보았다. 하지만 피터는 피터대로 미셸 때문에 답답해 죽을 지경이었다.

'왜긴 왜야? 바로 너 때문이지!'

사실 피터의 마음은 차츰 도전으로 기울고 있었다. 하지만 미셸이 문제였다. 미셸과 헤어져야 한다는 게 싫었던 것이다.

"아휴, 답답해 죽겠다. 이유를 말해보란 말이야!"

미셸의 성화에 피터는 눈을 질끈 감고 냅다 소리쳤다.

"너 때문이라고! 너랑 헤어지고 싶지 않다고!"

"…."

미셸의 얼굴이 빨개졌다. 피터도 창피해서 고개를 푹 숙이고 말았다. 그렇게 얼마나 시간이 흘렀을까. 미셸이 피터를 살그머니 안았다.

"바보, 나는 괜찮아. 그깟 3년, 아무것도 아니야. 그리고 뉴욕이랑 보스턴이 지구 끝에서 끝이니? 버스로도 4시간밖에 안 걸리는데…. 기껏 보고 싶다고 갔는데, 공부하느라 바쁘다고 얼굴도 안 내밀까 봐 오히려 내가 걱정이다."

"미, 미셸…."

피터는 그렇게 말해주는 미셸이 너무나 고맙고 사랑스러웠다.

"이 바보야, 너 혼자 좋아서 공부하러 가는 거니? 열심히 공부해서 훌륭한 변호사가 되면 우리가 그토록 소원하던 가난한 사람, 힘없는 사람, 못 배운 사람들을 위해 더 좋은 일을 많이 할 수 있잖아."

피터는 미셸의 격려에 눈물이 그렁그렁해졌다.

"나를 믿어줘서 고마워. 그래, 네 말처럼 앞을 향해 열심히 달려갈게."

피터는 그렇게 마법에라도 이끌린 사람처럼 새로운 운명을 향해 뛰어들었다.

로스쿨 입학은 입학위원회 임원들의 정밀한 심사로 결정된다. 학생의 과외활동과 인터뷰를 통해 인성을 파악하고, 에세이와 교수 추천서를 심사하며, 심지어 학생의 인종이나 가족사항까지 꼼꼼히 볼 정도로 무척 까다롭다.

심사를 통과하기 위해서는 무엇보다 학부에서 받은 평점과 법과 대학원 입학시험(LSAT) 성적이 매우 중요했다. 피터는 학부를 최우수 성적으로 졸업했을 뿐 아니라 윌리엄 교수의 지도를 받아 치른 LSAT 성적도 최상위에 속했다. 아울러 그가 불우한 가정환경을 극복하고 택시 기사로 일하면서 야간 대학을 졸업했다는 점, 승객들에게 인생 상담과 법률 자문을 해주고, 많은 이들에게 메일로 삶의 희망을 담은 메시지를 전달해왔다는 점, 9·11 테러 때 입증된 봉사정신 등도 두루 인정되었다. 그 결과 마침내 피터의 하버드대학교 로스쿨 입학이 결정되었다.

"단단히 각오하게. 하버드 로스쿨에서는 먹고, 자고, 씻고, 강의실과 도서관을 오가는 시간까지 공부를 하지 않으면 진도를 따라갈 수가 없다네. 교수도 학생들도 모두 괴물들이란 말일세. 체력적으로나 정신적으로나 단단히 무장해야 할 거야."

"교수님, 처음부터 그렇게 겁을 주시면 어떡해요."

피터의 엄살에 윌리엄 교수가 빙그레 웃으며 어깨를 두드려주었다.

"아무리 힘들어도 할 수 있겠지? 자네는 뉴욕의 영웅, 피터 홀이잖은가?"

"네. 열심히 하겠습니다. 쓰러지는 한이 있어도 도망치지 않겠습니다. 도망치는 거 너무 많이 해서 이제는 지긋지긋하거든요."

윌리엄 교수의 말은 결코 과장이 아니었다. 전 세계에서 오로지 공부만을 위해 태어나고 살아가는 특별한 사람들이 모인 곳, 그곳이 바로 하버드 로스쿨이었다.

'순간을 소중히 여기다 보면 긴 세월은 저절로 흘러간다.'

영국의 소설가 마리아 에지워스의 말처럼 3년이라는 시간은 화살보다 빠르게 흘러갔다.

작은 거인의 귀환

　뉴욕을 떠나고 3년 후, 다시 뉴욕 공항에 돌아온 피터는 눈앞에 펼쳐진 광경에 입을 다물 수가 없었다. 공항 주차장에 늘어선 수십 대의 옐로우 캡이 일제히 경적을 울려댄 것이다. 그리고 차 안테나마다 다음과 같은 문구가 적힌 빨간 리본이 걸려 있었다.

　"빅 보이 피터!"
　"작은 거인 피터!"

　"피터, 오늘이 무슨 날인지 알아? 뉴욕의 모든 택시 기사가 자

기를 환영하는 '피터의 날' 이래."

"호호호. 졸업 축하한다, 피터. 이제는 어엿한 변호사로구나!"

"공원에서 오리를 세던 꼬마 노숙자가 변호사가 되다니…. 피터, 너는 우리 노숙자들의 희망이자 목표다. 정말 고맙다."

맨 앞의 택시에서 내린 이들은 다름 아닌 미셸과 크리스틴 선생님, 그리고 알렉스 경이었다. 피터가 사랑하는 사람들이 모두 나와 그의 귀향을 반겨주었다.

눈시울이 뜨거워진 피터의 머릿속으로 지난 3년이 주마등처럼 스쳐 지나갔다. 꿈속에서조차 법전을 펴 들고 공부했을 정도로 지독하게 노력한 3년이기도 했다. 꿈을 위해 앞으로 돌진한 3년이었다. 그 결과 졸업할 무렵이 되자, 피터의 뛰어난 성적을 눈여겨본 몇몇 로펌과 기업체에서 파격적인 조건을 내세우며 모셔가기 경쟁을 하기도 했다. 하지만 피터의 결심은 확고했다.

'초심을 잃지 말자. 뉴욕으로 돌아가 가난하고, 힘없고, 못 배운 사람들을 위해 봉사하는 변호사가 될 테다. 내가 하버드까지 온 목적을 절대 잊지 않아. 그리고… 그곳에는 미셸이 있잖아.'

내심 자신의 뒤를 이어 대학에 남기를 바랐던 윌리엄 교수도 피터의 결정을 흔쾌히 따라주었다.

"자네를 필요로 하는 곳에서 열심히 일하겠다는 말에 다시 한 번 감동했네. 자네와 함께할 수 있어 진심으로 즐거웠네."

피터는 윌리엄 교수를 뒤로하고 한여름의 태양보다 뜨거웠던

로스쿨 생활을 마무리했다.

"자자, 인사는 이쯤하고 빨리 출발하자고!"

"아니, 위원장님 아니세요?"

운전석에서 창밖으로 머리를 내민 사람은 다름 아니라 노조위원장 맥킨리였다. 얼떨떨한 기분으로 택시에 올라탄 피터는 맥킨리가 직접 운전해주는 택시를 타고 집으로 향했다. 차 안에서 전해 들은 회사 소식은 충격적이었다.

"얼마 전 리처드 콜 사장이 구속됐다네. 회사 돈을 횡령하고 마틴을 시켜 기사들에게 돈을 뜯어낸 혐의가 죄다 밝혀졌지. 경찰서장이 새롭게 부임한 게 결정적이었어. 전에 있던 경찰서장은 사장에게서 뇌물을 받고 비리를 묵인해줬지만, 이번에는 어림도 없었다더군."

"그런 일이 있었군요. 그럼 마틴은 어떻게 됐습니까?"

"사장이 수사를 받자 곧바로 잠적했다네. 어디로 갔는지 아무도 몰라. 평소 친한 동료도 없었고, 개인 신상에 대해 아는 사람도 없으니까. 알고 보면 마틴도 불쌍한 사람이야. 사장의 충견 노릇만 하다가 인생 망친 셈이잖나. 도망을 다닌다 한들 언제까지 그러겠어? 곧 잡히고 말겠지."

로스쿨을 졸업하고 돌아오면 옐로우 캡의 부조리부터 바로잡겠다고 결심했던 피터였다. 그런데 이미 일이 마무리되었다니 안도의 한숨이 나오면서도 한편으로는 아쉬운 마음도 들었다.

"많은 일이 있었네요. 그런데 왜 제게는 알리지 않은 거예요?"

"열심히 공부하는 사람한테 그런 이야길 하면 되나. 신경 쓰면 공부에 방해만 될 텐데. 그래서 다들 입 꾹 다물고 있었지."

맥킨리가 피터를 돌아보며 말을 이었다.

"그건 그렇고 피터, 내일 혹시 시간 되나? 운행이 없는 사람들을 한자리에 모아 자네 이야기를 들려주었으면 싶어서. 사장 자리가 공석이라 다들 걱정이야. 회사가 부도라도 나면 다 거리에 나앉아야 하잖아. 분위기가 어수선하다네."

"그런 부탁이라면 당연히 들어드려야죠. 옐로우 캡 동료들에게 힘이 되는 일이라면 무엇이든 하겠습니다."

"유명한 변호사님께서 돕는다니 갑자기 힘이 불끈 솟는데? 그런데 자문료는 얼마나…."

"위원장님!"

택시에 타고 있던 모두가 웃음을 터뜨렸다.

이튿날 오후, 운행을 끝낸 옐로우 캡의 동료들이 하나둘 회사 앞마당에 모여들었다. 낯익은 옛 얼굴들은 피터에게 악수를 건네느라 바빴고, 낯선 새로운 얼굴들은 뉴욕 택시 기사들 사이에서 전설처럼 회자되는 '키 작은 영웅, 피터 홀'을 호기심 어린 눈으로 바라보느라 여념이 없었다. 피터는 맥킨리의 소개가 끝나자 단상 위에 올라 마이크를 잡았다. 격세지감이었다. 마틴이 직원들을 모아놓고 협박하던 그 자리였기 때문이다.

"몸이 천근만근 피곤하실 텐데도 이렇게 참석해주신 여러분께 감사드립니다. 어젯밤, 이 자리에 서면 어떤 말을 해야 하나 많이 고민했습니다. 음…, 이렇게 시작하면 어떨까요? 과거의 저는 스스로 운명을 개척하는 대신 파도에 몸을 맡기는 돛단배 같은 사람이었습니다. 택시에 타고서 아무 데나 가자고 말하는 그런 승객 말입니다. 이런 승객 만나면 정말 골치 아프죠."

모두 웃음을 터뜨렸다. 누구나 한두 번은 겪어봤기 때문이다. 피터는 딱딱했던 분위기가 부드러워지자 말을 이어나갔다.

"그렇습니다. 제게는 꿈이 없었습니다. 그래서 인생이라는 사거리 교차로에서 늘 우왕좌왕했습니다. 교차로에서는 좌회전을 하든 우회전을 하든, 아니면 직진이나 유턴이나 어쨌든 한 가지는 해야 하지 않습니까? 저는 아무것도 할 수가 없었습니다. 가야 할 곳을 정하지 못했기 때문이죠. 그러니 늘 사고가 날 수밖에요.

그러나 이제 제게는 확실한 나침반이 생겼습니다. 제가 이렇게 변화한 데에는 저를 위해 기도해준 분들의 힘이 컸습니다. 그분들을 통해 제가 무엇을 배웠는지를 말씀드리고자 합니다.

우리 인간의 생각에는 3단계가 있습니다. 1단계는 내 감정에 대해서만 생각하는 단계입니다. 장난감을 사달라고 엄마한테 떼를 쓰는 어린아이의 생각이 이런 단계죠. 2단계는 다른 사람의 눈에 내가 어떻게 보일까 생각하는 단계입니다. 장난감을 사달라고 조르기 전에 엄마의 생각을 묻는 것이죠. 하지만 어디까지나 받겠다는 마음만 있지, 주려는 마음은 없습니다. 마지막 3단계는 다른 사람들의 생각, 감정, 욕구, 애환, 꿈을 이해하고 그것을 도와주는 단계죠."

피터는 잠시 이야기를 끊고 사람들을 둘러보았다. 피곤이 얼굴에 가득한데도 하나같이 그의 말에 귀를 기울이고 있었다. 회사의 존폐 위기 앞에서, 혼란스러운 삶의 교차로에서 어떻게든 희망의 끈을 찾고자 노력하는 모습이었다. 피터 역시 그들에게 힘이 되기 위해 계속해서 최선을 다했다.

"음, 제가 여러분의 택시를 탔다고 가정해보겠습니다. 1단계 수준의 기사라면 승객이 타건 말건 다른 동료들과 하고 있던 잡담을 마저 끝낸 뒤에야 출발할 것입니다. 저는 짜증이 나겠죠. 옐로우 캡이라는 회사에 대한 불만도 함께 커질 것입니다.

2단계 기사라면 마음에도 없는 인사를 건넨 뒤 행선지를 물을 것입니다. 그러고는 급정거, 급출발, 불법 유턴, 끼어들기를 가리지 않을 겁니다. 승객을 목적지에 빨리 모시고자 한다는 핑계를 댈 수 있겠죠. 하지만, 과연 그럴까요? 정작 바라는 것은 팁이 아닐까요? 승객의 안전은 뒷전이고 말입니다. 당연히 목적지에 빨리 도착하긴 하겠지만, 저는 유쾌하지 않은 기분으로 택시에서 내릴 게 분명합니다. 그러니 팁이라고 해봤자 1달러가 고작이겠죠."

피터의 말을 들으면서 고개를 끄덕이는 사람들이 보였다. 그때 퍽 어려 보이는 한 기사가 손을 번쩍 들더니 말했다.

"어쨌든 돈을 더 버는 쪽은 1~2단계의 기사 아닌가요? 3단계는 보나 마나 승객을 위해 안전 운전을 하라는 말인 것 같은데, 그래봤자 늦게 도착했다고 핀잔이나 듣고 팁도 못 받는다고요."

피터는 자신처럼 어린 나이에 옐로우 캡의 일원이 된 그를 보며 웃음을 지었다.

"맞아요, 저도 한때 그렇게 생각했습니다. 기껏 안전 운행을 했더니 팁도 안 주더군요. 착한 일 하고 욕 얻어먹기는 그때가 처음이었습니다."

피터의 말에 모두가 한바탕 웃음을 터뜨렸다.

"제가 생각하는 3단계의 기사는 승객의 안전뿐만 아니라 낯선 승객을 이렇게 대하는 사람입니다. 예를 들어 '날씨가 덥죠? 뉴욕에는 무슨 일로 오셨나요? 맨해튼이 원래 차가 많이 막히는 곳이지만 마천루를 구경하면서 가다 보면 좀 괜찮을 겁니다. 드림 카드라도 하나 뽑아보시겠어요? 좋은 글이 많이 담겨 있답니다. 아, 혹시 아직 식사 전이라면 좋은 식당을 알려드릴 수도 있습니다' 라고 승객을 진정으로 대하는 기사 말입니다.

어떤가요? 이런 택시에 탄 승객이라면 뉴욕에 올 때마다 그 기사를 기억하지 않을까요? 어느 날 우연히 기업의 CEO가 택시를 탔다면, 그런 사람을 자신의 기사로 채용하고 싶어하지 않을까요? 그런 기적 같은 기회의 문이 열리진 않더라도 하다못해 두둑한 팁은 받을 수 있지 않을까요? 그런데 이것들보다 더 중요한 점이 있습니다. 3단계의 사고를 하면 나 자신이 행복해진다는 것입니다. 돈을 벌기 위해서 힘들게 일하는 게 아니라, 지금 이 순간 행복하기 위해서 즐겁게 일하는 거죠. 이 두 가지는 하늘과 땅만큼 차이가 납니다.

이처럼 남들의 이익에도 관심을 두면 자신에게 더 큰 이익이 돌아옵니다. 이것을 저는 '목적의 힘'이라고 말합니다. 자기 자신만을 생각하고 눈앞의 작은 이익에 집착하기보다 더 높은 차원의 분명한 목적을 가지면 분명히 행복이 찾아온다는 뜻입니다."

삶을 디자인하는 학교

"그것 참 이상하네. 광고를 한 적도 없는데, 사람들이 이렇게 몰려드는 이유가 뭐지?"

피터는 사무실 밖에 우르르 몰려 있는 사람들을 보며 고개를 갸우뚱했다. 경험도 없고 아직 명성을 얻을 만한 성과를 내지도 못했는데 변호사 사무실을 열자마자 의뢰인이 찾아오기 시작한 것이다. 일주일 정도가 지나면서부터는 방문객들로 문전성시를 이룰 지경이었다.

피터는 뉴욕에서 활동하는 변호사가 한둘이 아닌데도 자기 같은 신참을 찾는 사람이 이렇게나 많다는 게 아무래도 이해가 되지 않았다. 그 비밀은 한 수다쟁이 의뢰인을 통해 밝혀졌다.

"얼마 전 뉴욕 대학교 앞에서 택시를 탔는데, 기사 분께서 드림카드라는 것을 주시더군요. 제가 뽑은 카드는 '평온함(Peacefulness)'이었어요. 정말 제가 원하는 것이었죠. 사실 아내와 심각한 불화가 생겨 별거 중이거든요. 이혼하고 싶은 마음이 굴뚝같다고 했더니 기사 분께서 제게 화를 내기 전에 딱 5초만 참아보라고 하시더군요. 생각의 3단계 법칙에 대해서도 들었어요. 그러면서 변호사 선생님의 명함을 주셨습니다. 고민이 있으면 언제든 찾아가 보라면서 말이죠."

의뢰인이 보여준 빨간색 명함에는 다음과 같은 문구가 새겨져 있었다.

> 어렵고 억울하고 힘든 일이 있다면?
> 변호사가 멀리 있다면?
> 피터 홀을 찾아가세요!

"혹시 명함에 대해서 알고 계신 것 있어요?"

수화기 너머에서 맥킨리의 멋쩍어하는 듯한 목소리가 들려왔다.

"그게 사실은… 처음에는 자네를 돕기 위해 우리만 명함을 가지고 다녔는데, 다른 회사 기사들도 동참하겠다고 하지 뭔가. 지

금은 뉴욕의 거의 모든 택시 기사가 자네 명함을 가지고 다닌다네. 우리에게 자네는 영웅 같은 존재니까 말이야."

"맙소사, 위원장님. 아무리 그래도 그렇지…."

"피터, 너무 신경 쓰지 않았으면 좋겠어. 물론 자네를 돕겠다는 목적도 있지만 자네처럼 살겠다는 결심을 나타내는 것이기도 하거든. 친절하게 운전하면서 이웃에게 사랑을 전달하는 삶을 살겠다는 각오를 다지는 거지. 기사들 스스로 시작한 운동인 셈이니까 부담 갖지 말고 그냥 모르는 척해줘. 부탁이야."

일이 그렇게 된 것이었다. 피터로서도 어쩔 도리가 없었다. 피터는 자기도 모르는 새에 뉴욕 택시 기사들의 롤모델이 되어 있었다.

'그래, 긍정적인 면을 보자. 모든 기사가 마음가짐을 바꾸면 불친절과 난폭 운전의 대명사라는 옐로우 캡의 오명도 사라지겠지.'

"자, 음식은 충분하니까 얼마든지 드세요. 단, 남기시면 안 됩니다."

피터와 미셸은 매주 주말이 되면 자원봉사자들과 함께 맨해튼의 지하철역과 공원을 돌며 이동식 무료급식소를 운영했다. 얼마 전 세상을 떠난 알렉스 경의 뜻을 기리기 위해 본격적으로 시작한 일이었다.

"피터, 힘들지 않아? 어제도 늦게까지 일했잖아. 힘들면 좀 쉬어."

"괜찮아. 그동안 내게 도움을 주었던 분들을 떠올리면 이 정도는 아무것도 아니지."

피터는 걱정해주는 미셸을 향해 웃어 보이고는 다시 부지런히 음식을 포장하기 시작했다.

"참, 배달할 음식은 다 준비됐지? 그럼 피터의 음식 배달 서비스를 개시해볼까?"

급식소에서의 배식이 얼추 끝나자, 포장한 음식들을 차에 실었다. 급식소를 찾아와 밥을 먹는 사람들 외에 몸이 불편한 노인이나, 경찰관에게 잡힐까 봐 눈치를 보는 청소년 노숙자들을 찾아가 도시락을 나눠주기 위해서였다. 이는 노숙자 생활을 경험해보지 않은 사람은 알 수 없는 측면으로, 피터가 제안한 일이었다.

그러던 어느 날, 무료급식을 마치고 돌아가는 길에 미셸이 의견을 냈다.

"피터, 단지 한 끼 밥을 나눠주는 데 그치지 말고 뭔가 근본적인 대책을 세우는 건 어떨까?"

"근본적인 대책?"

"어르신들 숫자는 비슷한데 10대 청소년과 20대 노숙자들이 갈수록 늘어나고 있잖아. 급식에도 뭔가 변화가 있어야 한다고 봐. 지금의 방식으로는 그들에게 밥 한 끼를 공짜로 먹여줬다는 것 말고는 특별한 의미가 없는 것 같아. 그 나이 때 정말 필요한 것은 안정적인 일자리와 언제든 재기할 수 있는 튼튼한 터전이라는 거, 우리가 경험해봐서 잘 알잖아."

"응, 맞아. 좀더 자세히 얘기해봐."

"자기가 공부했던 '북 포 푸드' 기억하지? 우리도 그 비슷한 일을 하는 거야. 어린 노숙자들을 위해 무료 디자인 스쿨을 개설하는 거지. 졸업하면 내 매장이나 마르코에서 일해도 되고, 다른 디자인 매장에 취업이 되도록 도움도 주고 말이야. 강의는 나와 마르코 매니저들이 번갈아 하면 될 것 같고, 임대료나 관리비는 우리가 열심히 벌어서 충당하면 되지 않겠어? 어떻게 생각해?"

미셸은 오래전부터 생각해왔는지 굵직굵직한 면을 모두 짚었다. 피터는 미셸의 세심한 배려에 놀라워하며 고개를 끄덕였다.

"좋은 생각이야, 미셸. 계획을 구체적으로 짜보자."

"이름은 뭐가 좋을까? 음…. '삶을 디자인하는 학교(The School of Life Design)' 어때?"

"우와, 정말 좋은데! 망가진 삶을 새롭게 디자인하는 학교란 말이지? 가출 청소년들에게 이보다 더 좋은 소식은 없을 것 같다!"

피터와 미셸은 뿌듯했다. 고등학교 시절 집을 뛰쳐나와 교회를 전전하며 밥을 얻어먹던 가출 청소년들이 변호사와 디자이너가 되어 다른 사람을 돕게 되었으니 말이다.

문제는 자금이었다. 학교 설립은 피터와 미셸이 전액 부담하기에는 버거운 일이었다. 피터가 뉴욕시를 방문해 사정해봤지만 예산이 부족하다는 이야기뿐이었다. 하는 수 없이 윌리엄 교수 등 주변 지인들에게 지원을 요청하고, 지역 신문에 후원자를 구한다는 광고도 냈다.

그러던 어느 날이었다. 재판 때문에 법원에 들어가 있던 피터에게 사무실에서 전화가 걸려왔다.

"사무장입니다. 조금 전에 어떤 분이 사무실로 전화를 하셨는데요, 변호사님이 하시는 무료급식소와 디자인 스쿨 개설을 돕고 싶다며 기부를 하겠답니다. 어떻게 할까요?"

"일단 연락처를 받아두세요. 내가 들어가서 처리할게요."

피터는 재판이 끝나자마자 서둘러 사무실로 향했다.

"전화 목소리를 들어보니 나이가 좀 지긋하신 남자분이었어요. 연락처를 달라고 했더니 그럴 필요 없다면서 은행 계좌번호만 알려달라더군요. 그런데… 조금 전 돈이 입금되었는데 자그마치 50만 달러나 돼요."

사무장이 난감한 듯 머리를 긁적이며 말했다.

"예? 얼마요?"

피터는 깜짝 놀라고 말았다. 50만 달러라니! 평범한 사람은 평생 만져보지도 못할 거액이었다. 혹시 개리가 아닐까 싶어 확인해봤지만 그는 아니었다.

"이를 어쩌지…. 기부자가 누군지도 모른 채 그냥 쓸 수도 없고…."

피터는 곧바로 돈이 송금된 은행 지점에 전화를 걸어 자초지종을 설명하고 신상을 알려달라고 부탁했다. 하지만 은행에서는 고객의 신상을 제삼자에게 밝힐 수 없다는 이야기뿐이었다. 더는 어쩔 도리가 없었다. 피터는 미셸과 의논한 끝에 기부자의 의사를 존중하기로 했다.

그로부터 두 달 뒤 '삶을 디자인하는 학교'가 드디어 문을 열었다. 모든 교육 과정은 무료였다. 거기다 식당과 휴게실, 숙소까지 마련해 노숙자들이 공부에만 전념하도록 배려했다. 반신반의하던 뉴욕시 교육청에서도 꿈의 학교가 현실이 되자 여러 가지로 도움을 주기 시작했다.

'삶을 디자인하는 학교'의 장점은 그저 책상 앞에서 공부만 하는 게 아니라 직접 실습을 하면서 돈까지 벌 수 있다는 데 있었다. 주중에는 강의를 듣고, 주말이 되면 미셸이 알선한 맨해튼 매장으로 출근해서 아르바이트를 하는 방식이었다. 월급은 각자의 이름으로 적립한 뒤, 졸업할 때 목돈으로 찾을 수 있게 했다. 이처럼 스스로 일을 해서 자활할 수 있는 시스템은 매우 효과적이었고, 무엇보다 학생들의 반응이 좋았다.

한편 피터는 디자인 스쿨의 학생들에게 독서 노트를 쓰게 했다. 어려우면 일기라도 쓰게 했다. 하지만 대부분 읽기와 쓰기에 익숙하지 않은 탓에 원하는 만큼의 효과를 보기가 어려웠다. 글쓰기란 하루아침에 만들어지는 습관이 아니기 때문이다.

"어떤 획기적인 계기가 필요한데…. 그래, 그 방법이 있었지!"

피터는 서둘러 수화기를 들었다. 피터가 도움을 요청한 사람은 바로 삶의 멘토인 윌리엄 교수였다.

"1953년 예일대에서는 '목표를 적어두었을 때 나타나는 효과'를 연구하기 위해 졸업생들에게 20년 후의 목표에 대해서 리포트를 요구했습니다. 제출된 리포트는 크게 4개의 그룹으로 나눌 수 있었죠. 간단한 목표를 가진 졸업생이 전체의 60퍼센트에 달했고, 목표가 없는 졸업생이 27퍼센트, 명확하고 구체적인 목표를 가진 졸업생은 10퍼센트, 그리고 명확하고 구체적인 목표를 적어서 가지고 다니는 졸업생은 3퍼센트였습니다. 그들이 40대를 넘어 사회의 중심이 된 22년 후에는 어떻게 달라졌을까요? 결과는 충격적이었습니다.

구체적인 목표를 적어서 품에 간직한 3퍼센트의 학생들이 나머지 97퍼센트의 학생들보다 훨씬 많은 돈을 벌고 있었습니다. 사회적 지위 또한 최상위 지도층이었지요. 글로 적지는 않았지만 구체적인 목표를 마음에 품고 다니던 10퍼센트의 학생들도 전문직에 종사하거나 상류층에 속해 있었습니다. 반면 목표가 간단했던 60퍼센트는 간신히 생활을 유지하는 수준이었으며, 목표가 없다고 답한 27퍼센트는 다른 사람들에게 도움을 청할 정도로 빈민층이 되어 있었지요.

예일대 졸업생이라고 하면 어떤 생각이 듭니까? 아마도 당연히 최상위 계층이 될 거라고 예상할 것입니다. 하지만 이런 추측이 보기 좋게 빗나간 것입니다.

비슷한 실험이 또 있습니다. 하버드 경영대학원의 경우로 1979년 졸업생들을 조사한 것입니다. 구체적인 목표가 없다고 답한 사람이 84퍼센트, 장래 목표는 있지만 적어본 적은 없다고 한 사람이 13퍼센트, 그리고 명확하고 구체적인 장래 목표를 종이 위에 적어본 적이 있다는 졸업생은 단 3퍼센트였습니다. 그리고 10년 후인 1989년 놀라운 결과가 나왔습니다. 13퍼센트 그룹은 84퍼센트 그룹보다 평균 2배 많은 돈을 벌고 있었습니다. 그러면 3퍼센트 그룹은 어떻게 됐을까요? 나머지 97퍼센트의 졸업생들보다 자그마치 10배가 넘는 돈을 벌고 있었습니다.

결국 두 명문대의 3퍼센트 학생들, 즉 자신의 꿈을 글로 적은 그 소수만이 사회의 리더가 된 것입니다. 부자가 되느냐 못 되느냐는 이처럼 목표와 꿈을 가졌느냐 아니냐에서 차이가 시작됩니다. 그리고 더욱 중요한 것은 목표와 꿈을 구체화해서 기록으로 남기는 것입니다.

기록은 행동을 지배합니다. 글을 쓰는 것은 시신경과 운동 근육까지 동원되는 일이기에 뇌리에 더 강하게 각인됩니다. 결국 우리 삶을 움직이는 것은 우리의 손인 것입니다. 목표의식과 동기부여의 힘은 이처럼 매우 놀랍습니다. 목표를 적어서 책상 앞에 붙여두고 늘 큰 소리로 읽으세요. 그것이 바로 삶을 디자인하는 노하우입니다. 게다가 그것은 크게 힘들이지 않고도 할 수 있는 사소한 일이지요. 그런 사소한 노력도 하지 않고는 절대로 삶을 디자인할 수 없습니다."

윌리엄 교수는 비행기를 타고 날아와 노숙자 학생들을 위해 기꺼이 강연을 해주었다. 학생들은 난생처음 들어보는 하버드 교수의 강의에 감명받았다.

"바쁘신데 시간 내주셔서 정말 감사합니다."

"무슨 소리! 자네 덕분에 행복한 일을 할 수 있게 된 내가 고마워해야지. 아무튼 내 종종 찾아와 강의를 할 테니 그런 줄 알게."

"저, 그게 저희 학교는 강연료가 없어서…."

"어허, 이 사람이!"

두 사람은 동시에 웃음을 터뜨리면서 마음속 깊이 흐르는 정을 나눴다.

피터의 봉사는 무료급식과 '삶을 디자인하는 학교'에서 멈추지 않았다. 그는 매주 화요일과 목요일 오후에 '찾아가는 거리의 법률사무소'를 운영하기 시작했다. 법에 대해 아는 게 없고, 늘 사회적 약자일 수밖에 없는 노숙자들을 대상으로 무료 법률 상담을 해주기로 한 것이다. 그들은 관공서나 고용주로부터 불이익을 당하기 일쑤였다. 심지어 폭행이나 성추행을 당해도 어디 가서 하소연도 하지 못한 채 고스란히 피해를 입는 경우도 많았다.

피터는 하소연을 들어주고, 문제를 하나라도 더 해결해주기 위해 힘닿는 데까지 애를 썼다. 그들에게 법이 가까이에 있다는 사실을 알려주고 싶었다.

"지하철역 입구에서 온종일 동냥해서 모은 돈을 그날 저녁 불량배들에게 몽땅 빼앗기고 말았습니다. 아마 13달러쯤 됐을 거예요. 돈을 되찾을 수 있을까요?"

13달러라면 누군가에게는 하찮은 돈이겠지만 노숙자들에게는 전부일 수도 있다.

"햄버거 가게에서 하루 다섯 시간씩 일했는데, 일주일이 지나도록 돈을 주지 않는 거예요. 경찰에 신고할 수 없는 처지라는 걸 알고 일부러 돈을 주지 않는 거였죠. 여러 번 찾아갔지만 이제는 만나주지도 않아요. 계속 찾아오면 경찰에 신고하겠다고 오히려 저를 협박하더라고요."

불평등과 부조리는 가진 자와 갖지 못한 자, 계층과 계층 간에

만 존재하는 게 아니었다. 갖지 못한 자들끼리, 같은 계층 안에서, 사회적 약자들 사이에서도 싹텄다. 옐로우 캡의 마틴이 동료들에게 한 짓처럼.

피터의 무료 법률사무소는 노숙자들에게 엄청난 인기를 끌었다. 실제로 해결을 못한다 해도, 하버드 로스쿨을 졸업한 노숙자 출신의 변호사가 자신들의 말을 들어준다는 사실 자체가 그들에게 큰 위안을 주기도 했다. 그렇게 피터는 처음의 목적, 즉 낮은 곳에 있는 사람들을 위해 살겠다는 인생의 목적을 차근차근 이뤄나갔다.

택시 운전사에서 하버드 출신 변호사로

피터는 거리의 변호사로 점점 명성을 얻었다. '낮은 거리에 임한 천사'라는 멋진 별명과 함께 자연스레 의뢰가 넘쳤고, 숨 돌릴 틈도 없이 바쁜 나날이 이어졌다. 그러던 어느 날 사무실로 한 통의 전화가 걸려왔다.

"피터 홀 변호사님이시죠?"

"네, 그렇습니다."

"저는 앤서니 고등학교의 교장 로니 헤이건이라고 합니다."

"아…!"

피터의 입에서 짤막한 탄성이 터져 나왔다. 고등학교를 자퇴

한 이후 까맣게 잊고 있던 이름이었다.

"다름이 아니라 후배들을 위한 졸업 축사를 부탁드리려고 전화했습니다. 어떤 분께 축사를 부탁할지 졸업생들이 투표를 했는데 피터 홀 변호사님이 압도적이었습니다."

교장 선생님의 부탁에 피터는 난감해졌다.

"아시다시피 저는 앤서니 고등학교를 졸업하지 못한 신분입니다. 그런 제가 어떻게…."

"애플의 스티브 잡스 역시 대학을 졸업하지 못했어도 스탠퍼드 대학교의 졸업 연설을 하지 않았습니까. 졸업을 했느냐 안 했느냐보다 피터 홀 씨의 연설이 졸업생들에게 도움이 되느냐 안 되느냐가 중요하죠. 졸업생들이 피터 홀 씨를 무척 만나고 싶어 합니다. 바쁘시겠지만 시간을 내주시길 부탁드립니다."

교장 선생님의 정중한 부탁을 거절할 수 없었던 피터는 연설을 하기로 했다.

졸업식 당일, 앤서니 고등학교에 도착한 피터는 감회 어린 시선으로 학교를 둘러보았다. 학교 건물과 운동장, 농구장과 강당, 그리고 크리스틴 선생님과의 추억이 배어 있는 도서관까지 모든 게 예전 그대로였다.

강당은 졸업생과 가족들로 가득했다. 피터는 자신에게 이런 날이 오리라고는 꿈에도 생각해본 적이 없었다. 늘 놀림받고 얻어맞으며 외톨이로 지내던, 고등학교 졸업을 포기하고 가출이라는 극단적 선택을 했던 난쟁이 문제아가 하버드 로스쿨을 졸업한 변호사가 되어 후배들 앞에 서리라고 사실 누군들 상상이나 했겠는가.

"여러분, 반갑습니다. 피터 홀입니다."

피터가 앞으로 나서자 강당이 떠나갈 듯 환호성이 터져 나왔다.

"지난 며칠은 제게 꿈만 같은 나날이었습니다. 여러분이 저를 만나고 싶어한다는 연락을 받고 너무나 영광스러웠기 때문입니다. 그리고 여러분이 하필이면 왜 저를 지목했는지 고민을 했죠. 혹시 '성공의 비결'이 듣고 싶어서 그랬던 건가요?"

"네!"

학생들이 입을 모아 외쳤다.

"좋습니다. 그러면 우선 제 얘기부터 해보죠.

가난한 집에서 태어난 피터는 난쟁이에 얼굴도 못생긴 소년이었습니다. 심지어 분노조절장애를 앓는 환자였습니다. 어머니는 일찍 돌아가셨고, 아버지는 알코올 중독자였죠. 친구는 한 명도 없었습니다. 그는 결국 가출을 했고 노숙자로 살았습니다. 당연히 꿈도, 희망도, 미래도 없었습니다. 그저 하루하루 아무런 의미도 없는 삶을 살 뿐이었습니다. 그런데 그런 그가 어떻게 이 자리에 서게 되었을까요? 어떻게 해서 하버드 로스쿨을 나온 변호사가 되었을까요?"

학생들 사이에서 노력, 행운, 아이큐 등의 다양한 대답이 쏟아져 나왔다. '작은 키'라고 얘기하는 장난기 넘치는 답변도 있었다. 피터는 웃으며 고개를 저었다.

"저를 바꾼 것을 한마디로 정리하면 '목적의 힘'이었습니다. 그 힘은 나(ME)를 뒤집어 우리(WE)를 생각하게 해주었습니다. 가난은 참 많은 면에서 사람을 힘들게 하지만 인생을 좌우할 만한 결정적인 변수는 되지 못합니다. 신체적 결함 또는 부모님의 갑작스러운 죽음이나 시련 같은 불가항력적인 고난 역시 우리 삶을 멈추게 할 정도로 중요한 요인은 되지 못합니다. 하지만 목적이 없다면 삶은 확실하게 엉망이 됩니다. 반대로 삶의 목적을 분명히 세우고 땀 흘려 노력하면 누구나 자기 삶을 빛나게 가꿀 수 있습니다. 바로 여러분 앞에 서 있는 난쟁이 피터 홀처럼 말입니다."

학생들은 시종 진지한 표정으로 피터에게서 눈을 떼지 못했다. 누군가의 박수 소리를 시작으로 강당 전체가 박수 소리에 묻혔다.

"하늘은 스스로 돕는 자를 돕는다고 하죠? 이것은 진리입니다. 아무것도 하지 않는 사람에게는 결국 아무 일도 일어나지 않습니다. 하지만 최선을 다해 부지런히 노력하는 사람에게는 예고도 없이 도움의 손길이 나타나기도 합니다. 저 역시 그런 분들의 도움이 있었기에 대학을 나오고 대학원을 거쳐 변호사가 될 수 있었습니다. 제가 변호사가 되자 사람들은 저를 보고 성공한 사람이라고 합니다. 하지만 저는 그렇게 생각하지 않습니다. 변호사가 된 게 성공이 아니라 저 스스로 인생의 분명한 목적을 발견하고 이를 이루기 위해 살아온 것, 그리고 지금도 그렇게 살아가고 있는 것, 이게 바로 성공인 것입니다.”

피터는 연단에서 내려와 학생들 사이로 다가갔다.

“그리고 제게 성공을 가져다준 것은 바로 책이었습니다. 콰지모도를 닮은 피터에게 희망이나 꿈 따위는 사치에 불과했습니다. 그때 제게 꿈과 희망을 심어준 분이 바로 우리 학교의 사서 선생님이셨던 크리스틴 데이비스 선생님입니다. 선생님 덕분에 저는 책과 친해질 수 있었고, 책 속에서 꿈과 희망을 발견했으며, 스스로 제 인생의 길과 진리를 찾아낼 수 있었습니다. 그게 바로 성공의 비결입니다.”

다시 연단으로 올라선 피터는 강당을 한차례 훑어보았다. 그리고 약간 들뜬 목소리로 말했다.

“여러분, 제 은사이신 크리스틴 데이비스 선생님을 소개합니다!”

어떤 분인지 보려고 학생들이 웅성거리기 시작했다. 강당 입구에 휠체어 손잡이를 탄 크리스틴 선생님의 모습이 나타났다. 교장 선생님이 휠체어를 밀면서 천천히 입장했다. 강당 안은 순식간에 박수와 환호성으로 가득 찼다.

피터가 다가가 휠체어 손잡이를 건네받았다. 크리스틴 선생님은 한결같은 미소로 피터의 손을 잡았다.

"내 자랑스러운 제자, 피터. 너를 내게 보내주신 하느님께 감사드린다."

둘은 서로의 손에 입을 맞췄다. 피터는 다시 졸업생들을 향해 서서 축사를 마무리했다.

"크리스틴 선생님을 통해서 저는 새로운 인생을 시작할 수 있었습니다. 선생님께서 제게 가르쳐주신 것이 바로 '목적의 힘'입니다."

이날의 강연 내용은 이튿날 〈뉴욕타임스〉 1면을 포함해 〈뉴욕포스트〉, 〈뉴욕데일리뉴스〉 등을 통해 미국 전역에 보도되었다.

"성공이란 인생의 분명한 목적을 발견하는 것"
"당신은 당신이 생각하는 것만큼 불행하지 않다!"
"뉴욕 노숙자들의 영원한 멘토, 작은 거인 피터 홀!"
"나(ME)를 뒤집어 우리(WE)를 만드는 목적의 힘!"

피터가 공원에서 노숙할 때 덮고 자던 바로 그 신문들이 이제 피터 이야기로 1면을 장식한 것이다.

에필로그

재회

　한가로운 일요일 오후, 피터와 미셸은 필라델피아 공항에 도착했다.
　피터는 비행기에서도 내내 그랬던 것처럼 택시를 타고서도 말이 없었다. 잔뜩 긴장한 표정으로 창밖만 바라볼 뿐이었다. 미셸이 조용히 피터의 손을 잡아주었다.
　"그분이 맞을까?"
　목소리가 잔뜩 잠겨 있었다. 미셸이 피터의 손을 토닥이면서 대답했다.
　"아니면 어때. 포기할 거야? 이번이 아니어도 계속 찾을 테고,

그렇게 찾다 보면 언젠가는 만날 수 있을 거야. 그러니까 긴장 풀어."

"그래, 내가 너무 마음을 졸이고 있구나. 그리고… 같이 와줘서 고마워, 미셸."

피터와 미셸이 필라델피아에 온 것은 한 통의 편지 때문이었다. 피터가 〈뉴욕타임스〉 1면을 장식하고 일주일 정도가 지났을 무렵, 피터의 사무실로 발신인이 적혀 있지 않은 편지 한 통이 날아들었다. 바로 벤저민의 편지였다.

사랑하는 피터에게
피터, 오랜만에 불러보는 이름이구나. 그래, 아빠다.
우리가 아빠와 아들로 얼굴을 마주한 게 언제인지 까마득하구나.
먼저, 지나간 내 얘기를 좀 해야겠지?
네가 면회를 다녀간 뒤로 내 머릿속은 온통 네 말로 가득 차버리고 말았단다. 솔직하게 말하자면, 네 얼굴을 보기 전까지만 해도 내 머리는 술 생각으로 가득했었다. 몇 년 동안 입에 대지도 못했지만, 술이란 그만큼 지독한 놈이었지. 그런데 네가 나를 바꿔놓았단다.
그날 이후 나는 네가 두고 간 종이 한 장을 들고, 너의 첫마디부터 마지막 인사까지 영화를 돌려보듯 수도 없이 되풀이해서 떠올렸단다. 요양원이란 그런 면에서는 참 좋은 곳이지. 생각할 시간이 무궁무진하거든. 너의 어떤 말은 내 가슴을 날카롭게 찔렀고, 어떤 말은 서운하게 했어. 또 나를 기쁘게 하고 놀라게 한 말도 있었지. 아참, 그날 내가 그렇게 격한 반응을 보인 것은(몇 년 만에 본 아들에게 그렇게밖에 못해서 정말 미안하다) 아마도 감정적으로 자극을 받아서였던 것 같다. 수년간 내게는 특별한 일이라고는 하나도 일어나지 않았거든. 그래서 고인 웅덩이처럼 썩어가고 있었던 건지도 모른다.

어쨌든, 수천수만 번 필름을 되돌리다 보니 나중에는 모든 말에서 감정이 사라지고 의미만 남더구나. 그제야 네 말이 무슨 뜻인지를 한발 떨어져서 생각할 수 있게 되었단다. 네 말처럼 내가 왜 인생에서 실패했을까를 생각하고 또 생각했지. 행복은 그럴 만한 자격이 있는 사람에게 찾아온다는 얘기도, 그 자격이란 바로 타인을 돕고 함께할 준비가 된 선량한 마음이라는 말도 곱씹고 또 곱씹었다. 그러다 어느 순간 깨달았단다. 지난 내 삶은 나의 고통, 나의 고달픔만 생각하는 이기적인 삶이었다는 것을 말이다. 나는 항상 신시아와 너를 위한다고 생각했지만, 그것은 착각일 뿐이었던 거지. 신시아가 행복하면, 피터 네가 행복하면, 나도 행복해진다는 단순한 진리를 왜 몰랐을까? 그렇게 피눈물을 흘리며 자책하고 또 자책하며 하루하루를 보냈단다. 그러자 우습게도 요양원에서 그만 퇴원해도 좋다고 하더구나. 어떻게든 나가보려고 별의별 수단을 다 써봐도 안 열리던 문이 생각이 바뀌니 기적처럼 열린 거야.

그 후로 나에게는 여러 기적이 일어났지.

요양원을 나설 때는 너를 찾아가 볼 생각이었다. 하지만 차마 네 앞에 나타날 수가 없었어. 뉴욕에 있으면 혹시라도 마주칠까 두려워 필라델피아로 왔지. 그리고 지금까지 먹고 자는 시간만 빼놓고 닥치는 대로 일을 했단다. 나 자신을 위해 돈을 버는 게 아니라 다른 사람을 위해 돈을 번다고 생각하니 정말로 몸도 마음도 예전처럼 힘들지 않더구나. 내가 그때 코웃음을 쳤던 '목적의 힘'이란 걸 실감하는 기적의 순간들이었단다. 그렇게 해서 모은 돈이 50만 달러였어.

돈으로 용서를 구한다는 것 자체가 부끄러운 일이지만, 처음엔 그 돈이면 당당하게 네 앞에 설 수 있으리라 생각했다. 그래서 얼마 전 다시 뉴욕을 찾았지. 그리고 멀리서 너를 지켜봤단다. 멋진 변호사가 되어 거리에서 무료 법률 상담을 해주고 있는 네 모습이 얼마나 의젓하던지.

결국에는 네 앞에 서지 못했지만, 그래도 네가 하는 봉사활동에 조금이나마 도움을 줄 수 있어 감사한다. 하늘에 있는 네 엄마도 나 보고 잘했다고 할 거야. 모처럼 남편, 아빠 노릇 한 셈이지. 고맙다. 그리고 미안하구나. 정말로 다행이라고 생각하는 것은 네가 못난 아빠를 닮지 않고 지혜로운 엄마를 닮았다는 거야.

나는 이제 할 일을 다 했으니 다른 곳으로 떠날까 한다. 네 엄마와 너를 지키지 못한 죄를 씻으며, 피터 너처럼 어려운 사람들을 도우면서 살아보려고 해.

그리고 마지막으로, 소원이 하나 있는데 들어주겠니? 너의 기억 속에 내가 너무 나쁜 아빠로만 남지 않았으면 좋겠다. 부디 이 아빠를 용서해주렴.

사랑한다, 피터.

나의 영원한 자이언트 피터에게
못난 아빠가

피터가 마지막으로 요양원을 찾은 것은 하버드로 떠나기 직전이었다. 하버드대학교 로스쿨에 당당히 합격한 것을 알리고 싶었다. 그래서 아버지가 짊어진 마음의 짐을 덜어주고 싶었다. 더는 아파하지 말라고, 이제 엄마와 피터 자신에 대한 감옥에서 벗어나라고…. 세상에 부족한 부모는 있어도 나쁜 부모는 없다고 말해주고 싶었다. 하지만 아버지는 이미 퇴원한 뒤였다. 그 후로 계속해서 수소문을 해봤지만 뉴욕의 거리 어디에서도 찾을 수가 없었다.

따지고 보면 결과적으로 아버지의 난폭한 언행이 피터가 성장할 기회를 제공한 것인지도 몰랐다. '나는 저런 어른이 되지 않을 거야. 저렇게 살지 않을 거야. 난 꼭 성공할 거야'라는 오기를 심어준 것만큼은 틀림없는 사실이니까.

"그거 알아? 자기 아버지가 자기 인생을 바꿔놓은 것처럼, 자기 역시 아버지의 인생을 바꿔놓았다는 것 말이야. 아마도 그게 가족이 아닐까? 서로가 서로에게 거울처럼 영향을 주는 그런 관계인 거지."

미셸의 말에 피터는 고개를 끄덕였다. 분명 그랬다. 피터는 아버지를 닮지 않기 위해 노력했고, 벤저민 역시 아들을 위해 다시 일어선 것이다.

택시는 어느새 필라델피아 공원에 도착했다. 수소문한 결과,

매주 일요일 벤저민을 닮은 늙은 남자가 공원을 떠도는 노숙자들에게 음식을 나눠준다는 장소가 여기였다. 택시에서 내린 둘은 공원을 따라 천천히 걷기 시작했다.

얼마쯤 걸었을까. 공원 한쪽에 추레한 옷을 입은 노숙자들이 길게 줄을 선 게 보였다. 우뚝 멈춰 선 채 차근차근 인파를 살피던 피터의 심장이 터질 듯 두근거렸다.

"피터, 맞아? 아버지셔?"

미셸의 목소리도 들리지 않았다. 저 멀리 머리가 하얗게 센 남자가 노숙자들에게 열심히 음식을 나눠주고 있었다. 무슨 이야기를 나누는지 남자의 얼굴에는 환한 웃음이 가득했다. 갑자기 피터의 눈에서 눈물이 주르륵 흘러내렸다.

"아, 아버지…."

맞았다. 한때는 잊으려고 노력했던, 그렇지만 그만큼 더 보고 싶었던 아버지가 틀림없었다. 멀리 떨어져 있었지만 피터는 단번에 알아볼 수 있었다.

"그런데… 미셸, 내가 가는 게 맞을까? 아버지가 찾지 말라고 했는데…."

"바보, 이럴 땐 아무 말도 할 필요 없어. 그냥 가서 꼭 껴안는 거야. 그게 가족이거든."

"가족…. 맞아, 내게는 가족이 있어. 아버지, 그리고 미셸 바로 너."

피터는 마음속에 가득 차오르는 행복을 느꼈다. 미셸과 함께하는 이 행복이 오래, 아주 오래 머물 것이라 믿어 의심치 않았다. 그리고 이제는 행복의 목록에 잃어버렸던 아버지를 다시 채워 넣을 시간이었다.

"그럼 이제, 우리 아버님을 만나러 가볼까?"

피터와 미셸은 손을 꼭 잡고 벤저민을 향해 걸어가기 시작했다.

인생을 바꾸는 목적의 힘
난쟁이 피터

제1판 1쇄 발행 | 2014년 3월 25일
제1판 40쇄 발행 | 2025년 4월 7일

지은이 | 호아킴 데 포사다 · 데이비드 림
옮긴이 | 최승언
펴낸이 | 김수언
펴낸곳 | 한국경제신문 한경BP

주소 | 서울특별시 중구 청파로 463
기획출판팀 | 02-3604-556, 584
영업마케팅팀 | 02-3604-595, 583 FAX | 02-3604-599
H | http://bp.hankyung.com   E | bp@hankyung.com
F | www.facebook.com/hankyungbp
등록 | 제 2-315(1967. 5. 15)

ISBN 978-89-475-2952-5 13320

마시멜로는 한국경제신문 출판사의 문학 브랜드입니다.
책값은 뒤표지에 있습니다.
잘못 만들어진 책은 구입처에서 바꿔드립니다.